江西省社会科学规划项目（青年项目）"全媒体时代江西省出版产业发展机理与路径研究"（项目编号：19YJ35）

江西省高校人文社会科学重点研究基地项目"中部地区文化产业竞争力比较研究"（项目编号：13100160）

国家自然科学基金项目"我国中部和东部省域城市首位度与区域经济增长：模型、机理、对策"（项目编号：71263037）

全媒体视域下出版产业竞争力研究

——以江西省为例

陈美华 著

中国社会科学出版社

图书在版编目（CIP）数据

全媒体视域下出版产业竞争力研究：以江西省为例/陈美华著.
—北京：中国社会科学出版社，2021.8
ISBN 978-7-5203-8910-5

Ⅰ.①全… Ⅱ.①陈… Ⅲ.①出版业—产业发展—竞争力—研究—江西 Ⅳ.①G239.275.6

中国版本图书馆 CIP 数据核字（2021）第 163148 号

出 版 人	赵剑英	
责任编辑	刘晓红	
责任校对	周晓东	
责任印制	戴　宽	
出　　版	中国社会科学出版社	
社　　址	北京鼓楼西大街甲 158 号	
邮　　编	100720	
网　　址	http：//www.csspw.cn	
发 行 部	010-84083685	
门 市 部	010-84029450	
经　　销	新华书店及其他书店	
印　　刷	北京君升印刷有限公司	
装　　订	廊坊市广阳区广增装订厂	
版　　次	2021 年 8 月第 1 版	
印　　次	2021 年 8 月第 1 次印刷	
开　　本	710×1000　1/16	
印　　张	12.25	
插　　页	2	
字　　数	171 千字	
定　　价	69.00 元	

凡购买中国社会科学出版社图书，如有质量问题请与本社营销中心联系调换
电话：010-84083683
版权所有　侵权必究

前　言

党的十九大提出，要将文化自信的重要性提升到一个新的高度，推动社会主义文化繁荣兴盛，坚定文化自信，建设文化强国。出版产业作为文化产业的重要组成部分，对其产业竞争力的评价与提升研究，对推进文化产业的发展，具有一定的理论参考价值；在实践中，可以为政府有关部门和企业加强出版产业管理提供决策参考，进一步实现文化跨越式发展。随着出版产业从传统出版向全媒体出版的转型升级以及文化体制改革，出版产业集团化业务的开展，需要建立一套科学、量化的出版产业竞争力的指标体系，借助所设计的评价指标体系构建模型，对区域出版产业竞争力展开全面、系统的评估测量与实证研究。本书的选题具有一定的前瞻性，将出版产业理论与竞争力理论相互融合，以"全媒体"新业态为视域，从新的视角全面客观地阐述出版产业竞争力的内涵，从经济和社会双重属性方面，综合运用多学科理论论述区域出版产业发展现状及对竞争力培育模式的研究。从实际出发，分析不同地区之间的社会经济文化等环境差异，使区域出版产业竞争力研究更趋于合理性，也进一步完善了出版产业理论的知识网络体系，并为区域出版产业的协同发展提供了理论依据与经验指导。特别是对处于中部地区的江西省来说，经济发展水平虽然相对滞后，但出版产业发展空间却较大，因此，本书具有一定的理论和实践意义。

本书通过对区域出版产业的现状的阐述，分析传统出版与数字出版存在的问题，指出现有的出版产业及企业在商业模式、媒介融合、产业链整合、出版转型升级、人才培养等方面存在的各种弊端，从产业发展不平衡性、经营多元化等产业特征以及经济、文化、消费者行为等影响因素展开分析，并用SWOT分析法进一步分析了区域出版产业发展上具有的资源禀赋和区位优势、数字技术冲击下传统出版的劣势处境以及与数字出版的"瓶颈"，以及面临出版商业模式单一与西方发达国家的文化冲击、用户个性化多元化的需求等方面的威胁。然后运用灰色关联法和熵权法构建了出版上市公司竞争力评价体系并计算出指标的相关权重，分析了处于出版产业第一方阵的江苏凤凰传媒、江西中文传媒以及湖南中南传媒实际情况，以这三家出版企业为研究对象，对其经营表现从盈利能力、发展潜力、运营状况和偿债能力四个方面的财务指标进行竞争力评价。借此对我国区域出版产业竞争力评价与提升进行理论分析和实证研究，得出三家出版企业在多元化、国际化经营、新媒体战略方面的竞争力核心优势及在传统出版产业转型升级、与传统主业的融合、非相关性行业对收益的影响等方面的阻滞因素，从政府、产业和企业三个层面为江西省出版产业的发展提供了有针对性的对策建议，以便促进江西省出版产业的快速发展。

基于上述对区域出版产业竞争力评价的研究意义及思路，以及对区域出版产业现状的分析，本书的主要内容及结论包括以下四个方面。

第一，在分析出版产业规模扩大、产业结构变化、不同区域性特征，以及数字化转型所面临的问题等影响因素的基础上，通过对出版产业竞争环境进行SWOT战略矩阵分析，梳理归纳了数字技术冲击下传统出版和数字出版各自面临的问题，出版产业模式的单一等企业发展存在的问题以及相应的战略，发挥资源优势，利用资本整合资源，优化产业结构。

第二，解析出版企业竞争力各维度的内容构成，通过盈利能力、发展潜力、运营状况和偿债能力四个指标以及相应的二十个具体指标建立出版企业上市公司评价指标体系，通过熵权法，解决出版企业竞争力评价指标权重的有效测度问题，同时为了避免人为的主观因素，权重的确定未采取运用较为广泛的专家打分法而是借助了熵权法来计算权值。熵权法的原理及其权重的大小不仅仅代表了指标的重要程度，权重的大小还表示该指标下各样本间的差异化程度，也正好说明了样本之间差异化大的指标具有分析并深入研究的必要性。最后通过加权平均法的运用，实现了组合评价指导思想下灰色关联分析法和熵权法的有效结合。借助竞争力评价模型，反映从中南传媒、中文传媒到凤凰传媒，由强到弱的三家出版企业的整体竞争力水平，并对出版企业发展的影响因素进行实证分析。基于评价分析结果，明确指标权重，强调权重最大的企业偿债能力对企业发展潜力的影响从而影响整体竞争力的重要性，并为后文提升江西省出版产业竞争力对策的提出明确了方向，提供了思路。

第三，结合全媒体视域，通过对处于出版产业第一方阵的江西出版集团新媒体战略模式、凤凰传媒的非相关多元化投资以及中南传媒的国际化经营战略的个案分析，指出出版企业各自的核心竞争力差异：中文传媒并购智明星通，在手机游戏类新业态出版中获得的收益成为其重要的利润增长极；凤凰传媒将下属的地产、金融公司的经营收益用来壮大出版业的发展，从而获得利润与文化双赢；中南传媒旗下的天闻数媒致力于打造平台优势，提供了多元化的在线教育服务，并在国内外有较大的影响力。进一步论证出版企业发展潜力、偿债能力等竞争力影响因素，总结出江西出版产业竞争力提升需要改善的内容，例如，传统出版的转型升级以及与传统主业的融合发展等方面，并梳理出竞争力水平提升的阻滞因素，如盈利能力和发展潜力。

第四，基于前文定性、定量分析结果，从盈利能力、发展潜力、运营状况和偿债能力四个方面，根据阻滞因素分析结果，遵循产业发展规律，强调坚持主营业务的同时改革创新，从政府行为目标、全媒体深度整合、产业盈利模式和企业可持续发展四个层面分别提出有针对性的江西出版产业竞争力提升的路径选择和对策建议。从政府行为目标看，需要完善出版产业政策体系；推动江西出版产业

"走出去"战略，促进国际文化交流；规范数字出版管理标准；培养数字版权保护意识，构建数字版权保护系统；加大政策扶持力度，进一步深化出版产业体制改革。从全媒体深度整合层面看，应延伸全媒体出版产业链；建立全媒体整合数据库；拓展读者群，打造线上线下一体化全媒体平台。对优化产业盈利模式来说，应加速完善江西出版产业链利益分配机制；提供个性化服务；构建传统出版和数字出版的双赢模式；培养出版复合型人才。从企业可持续发展角度看，需完善企业内部运行机制；推进品牌建设，发挥品牌效应；强化主营业务，提高江西出版市场化程度；加强资源整合与产业融合；建立科学的数字出版社会效益评价体系。同时，基于上述对策，给出具体的执行措施。

目 录

第一章 绪论 ··· 1
- 第一节 选题背景及意义 ································· 1
- 第二节 研究思路与研究内容 ··························· 6
- 第三节 研究的技术路线 ································· 9
- 第四节 主要研究方法及重点难点 ····················· 10
- 第五节 研究的主要创新点 ······························ 12

第二章 文献综述与产业经济相关理论 ··············· 14
- 第一节 全媒体出版的概念 ······························ 14
- 第二节 产业竞争力理论与评价研究基础 ············ 23
- 第三节 产业竞争力的评价方法及实证研究进展 ··· 33
- 第四节 出版产业竞争力及评价研究 ·················· 36
- 第五节 文献研究评述 ···································· 40

第三章 区域出版产业发展现状分析 ··················· 42
- 第一节 出版产业的发展基本概况 ····················· 42
- 第二节 区域出版产业的特征 ··························· 59
- 第三节 区域出版产业的区域性影响因素分析 ······ 67
- 第四节 区域出版产业的 SWOT 分析 ················· 77
- 第五节 本章小结 ·· 89

第四章　区域出版产业竞争力分析与评价模型构建 …… 91

第一节　区域出版产业竞争力评价技术路径 …… 91
第二节　区域出版产业主要业务及经营模式 …… 94
第三节　区域出版产业核心竞争力分析 …… 98
第四节　区域出版产业竞争力评价指标体系建立 …… 105
第五节　区域出版产业竞争力评价模型构建 …… 111
第六节　本章小结 …… 114

第五章　区域出版产业竞争力比较与分析 …… 116

第一节　数据来源及指标权重的确定 …… 116
第二节　区域出版产业竞争力测度 …… 118
第三节　区域出版产业各维度竞争力分析 …… 123
第四节　区域出版产业竞争力影响因素分析 …… 126
第五节　本章小结 …… 129

第六章　区域出版企业竞争力实例研究 …… 131

第一节　中文传媒概况 …… 131
第二节　中文传媒"互联网+"转型模式 …… 133
第三节　转型升级中的出版企业战略分析 …… 136
第四节　本章小结 …… 144

第七章　基于提升竞争力的江西出版产业发展路径选择 …… 146

第一节　政府行为目标 …… 147
第二节　全媒体深度整合 …… 153
第三节　优化产业盈利模式 …… 156
第四节　企业可持续发展 …… 159
第五节　本章小结 …… 163

第八章　结论与展望 ·················· 165
　　第一节　研究的主要结论 ·············· 165
　　第二节　研究展望 ···················· 169
附　录 ······························ 171
参考文献 ···························· 176

第一章

绪 论

第一节 选题背景及意义

一 选题背景

随着全球化进程的不断加快和社会经济体制改革的日益深化,在社会经济迅猛发展的时代背景下,人们对于文化产品等方面需求也在进一步扩大,文化作为发展社会的核心要素之一,已成为人们普遍关注的热点问题,大力发展文化产业已成为全球趋势[①]。

党的十九大报告指出"文化自信是一个国家、一个民族发展中更基本、更深沉、更持久的力量。要满足人民过上美好生活的新期待,必须提供丰富的精神食粮,推动文化事业和文化产业发展。"健全现代文化产业体系和市场体系,创新生产经营机制,完善文化经济政策,培育新型文化业态。要深入学习贯彻党的十九大报告精神,推动产业融合创新引领,大力培育新型文化业态,做大做强现代文化产业体系,建设社会主义文化强国。

党的十八大以来,随着文化体制改革进一步深入,专项小组先后制定了关于文化体制改革和文化发展的一批重要改革文件并陆续

---

① 陈艳:《松溪马窝山歌的风土特色与传承保护——松溪县文化馆》,《群文天地》2012年第12期。

下发给地方政府。一系列指导性意见出台：《关于推动国有文化企业把社会效益放在首位、实现社会效益和经济效益相统一的指导意见》《关于推动传统媒体与新兴媒体融合发展的指导意见》等。一批重大政策措施相继出台实施，涉及经营性文化事业单位转制为企业和进一步支持文化企业发展、推进文化创意和设计服务与相关产业融合发展、推动特色文化产业发展等方面[①]。要健全文化宏观管理体制，规范互联网管理体制，全面推动新闻出版广电机构的整合，转变政府职能等改革任务的完成。传统媒体与新媒体融合发展不能只流于形式，需要借助新媒体的传播优势和平台，全力打造全媒体形态的新型媒体。短短几年间，改革成果已经赫然在目。

作为文化产业的重要组成部分，出版产业被学界誉为21世纪的朝阳产业。欧美等发达国家文化产业早已成为支柱产业，出版业产值已占国家GDP的百分之五至百分之十，其出版物市场规模宏大，市场化管理体系较为成熟，出版发行渠道畅通，而我国出版业在这些方面与之相比较，都存在较大的差距[②]。"十三五"规划纲要提出，"十三五"时期要实现文化产业成为国民经济支柱性产业的目标，表明中央大力推进文化产业发展的决心和信心。各省市进一步认识到文化产业发展的重要意义，纷纷将文化产业作为区域经济发展的要素列入发展规划中。而出版业作为文化产业的重要组成部分，其经济和文化的双重属性，所产生的社会和经济效益，对区域经济的发展都具有至关重要的作用和意义。

在我国，由于民营出版企业是没有出版权利的，因此，本书研究的区域出版产业是以国有出版集团为研究对象的。新经济业态的发展带来各省区市的激烈竞争，文化产业的发展尤其重要。要在竞争中占得先机，必须着力提高出版产业竞争力，加快推动文化产业发展。区域出版产业的发展必然导致区域出版产业的竞争，在出版

---

① 刘阳：《以改革创新精神谱写"中国梦"的文化篇章》，《人民日报》2016年第1期。
② 马萱：《我国区域文化产业竞争力研究》，社会科学文献出版社2011年版。

业发展路径上，不同区域在出版产业发展过程中选择不同的战略模式，各地区都力图走特色发展之路，实现出版产业多元化跨越式发展，但大多数规划路径及发展战略都有雷同之处，这便需要认真研究区域出版产业竞争力问题，改变产业结构单一、雷同，区域资源没有充分得到利用等问题。

出版业作为一个充满活力的产业，在某个层面上，是对文化的传播。在"互联网+"的时代，正掀起一场媒介融合的革命，人类进入由传统媒体和新兴媒体相互融合的全媒体时代。随着网络技术、数字技术、信息技术的快速发展，出版业生产方式发生了根本性的变革，据国际权威调查组织史密瑟斯·皮尔研究所的测算，2016年数字印刷产业全球市值约为105亿美元。当科技与传统产业相互融合，数字媒体冲击传统出版业时，传统出版向数字出版的转变已成为一种趋势[①]。

2008年以来，"全媒体"这个关键词频频出现在我国各类报纸期刊网络上，它是指多媒体利用不同的媒介形态，包括了传统媒体和新媒体，是所有媒介形态的统称。"全媒体"一词之所以广泛应用在出版业上，与信息科技的发展密不可分。现如今，出版业正处于重要的转型期，传统出版业在网络技术时代面临巨大的挑战，推动传统出版与数字出版的融合发展，将数字化作为出版企业的战略选择和方向定位，出版业的产业化经营，是加快我国文化产业成为支柱性产业的基本。近年来，虽然二者之间呈良好发展趋势，但也存在一些问题，如产业标准亟待统一、出版企业对数字版权保护不到位、商业模式不够成熟、利益分配存在不公等现象。总体来看，目前，对全媒体出版的研究基本停留在传统视角以及理论框架之下，主要表现为从传统出版主体角度、传统出版核心模式来看待全媒体出版、出版物生产的多元化，并强调了全媒体中实现单向渠道

---

① Pellegrini T., "Semantic Metadata in the Publishing Industry – technological Achievements and Economic Implications", *Electronic Markets*, 2017, 27 (1): 9–20.

推送等理念，而有关出版物互动生产关系、全媒体价值定位、互联网时代用户需求与消费方式等前沿性问题上未能置于同等重要的位置上看待①。因此，加快传统出版的转型升级，推进全媒体资源的整合，加大技术商、平台商和出版企业的跨界合作以及政策扶持力度，以实现全媒体、多介质的复合出版；汇集内容提供商、技术开发商、平台运营商、终端设备商等产业主体的数字出版产业链，以提升出版产业竞争力。

区域出版业在产业组织上缺乏一定的宏观竞争力，在出版企业上缺乏微观竞争力，需加快产业化进程，促进出版产业整体竞争力的提升②。深入产业竞争力评价研究，站在全媒体的视角，全面分析出版产业发展状况，发现制约区域出版产业进一步发展的影响因素，通过关键要素和评价指标的分析，认识到区域出版产业发展中存在的差距，差距产生的原因以及缩小差距的方法，是提升区域出版产业竞争力的关键所在。

二 选题意义

1. 理论意义

在全球化背景下，随着出版产业国际化进程的加快，各地区和企业都面临着越来越激烈的市场竞争，只有提高产业竞争力水平，才能在竞争中求得生存，进而得到更长远的发展。根据所查阅的文献，发现针对出版产业竞争力评价的文章较少，尤其是全媒体背景下的出版产业，大多是对出版业的阐述及分析。本书的研究理论意义可概括为两个方面：

一是丰富了产业竞争力理论。本书在理论研究上，对区域出版产业竞争力评价与提升进行研究，对提高地区出版产业的竞争力水平和出版集团竞争力水平，都具有一定的理论参考价值。在国内，多数学者侧重于出版竞争力要素和内涵、机制问题的研究，其研究

---

① 崔恒勇：《互联网思维下全媒体出版的内涵》，现代出版社2014年版。
② 周澍等：《国内数字出版产业研究的检视与反思》，浙江社会科学出版社2013年版。

成果较多，而从出版产业竞争力评价方法的角度对提升产业竞争力水平进行理论分析研究的，却寥寥无几，专门针对区域出版产业竞争力评价的研究则更少。后者研究需要与实际紧密联系，在全媒体视域下，构建出一套较完整的、科学的综合评价体系是出版业发展研究的关键问题。

产业竞争力是一个综合、系统的概念，是较为复杂的问题，本书拟从"全媒体"出版产业竞争力的培育模式、"全媒体"竞争力评价、出版企业的发展方向这三个角度，以定性分析和定量分析相结合的方法，综合研究区域出版企业经济效益的影响因素，探讨出版企业竞争力评价指标体系，通过建立综合评价体系和测量模型，对区域出版产业竞争力进行测定和比较，明确区域出版产业竞争力的状况，并探索各指标对区域出版企业竞争力的影响机理，厘清各因素之间的相互作用关系，这对于丰富产业竞争力理论的研究具有重要的价值。

二是拓展了产业竞争力评价方法。将定量评价模型引入出版业竞争力评价体系，在合理性上不但使分析更趋于定量化，结合产业发展数据使分析结果更加符合地区发展的实际情况；引入全媒体视角，进一步拓展了区域出版产业竞争力研究内容，完善了出版产业竞争力发展理论；同时夯实了区域经济学中产业发展理论研究的知识体系；为全媒体背景下的出版产业发展提供了理论依据。

2. 现实意义

在理论分析基础上结合实证研究的结果，探讨在全媒体背景下区域出版产业竞争力存在的问题及制约因素，有针对性地提出进一步发展地区出版产业的政策选择，可以为政府有关部门和企业加强出版产业管理提供决策参考，促进出版产业提升竞争力，实现跨越式发展。现实意义可以概括为以下两个方面：

一是对产业结构调整优化的作用。加快出版产业发展对优化产业结构有现实意义。随着信息科技的快速发展，出版产业的转型对社会经济稳步发展带来长远影响，因此，深入辨析区域出版产业对经济发展促进作用的差异,通过各区域的产业结构调整,优化产业结构,对区域产业协调发展与地区经济崛起有重要的实践意义和指导作用①。

二是推动区域经济跨越式发展。出版产业发展对加快经济发展有着关键作用,因此应该大力发展出版产业,提高产业自身竞争力,形成区域经济发展新的增长极。出版产业需整合资源优势、打造区域品牌、强强联合、实现共赢,在各自的优势环节上展开合作,塑造大市场、大品牌,实现整个出版产业板块竞争力的提升。通过出版业竞争力的比较分析,找出各地区出版产业发展的薄弱环节,扬长避短,对提高整个出版产业的集约化程度,实现文化产业协调式发展,并推动地区经济的跨越式发展具有举足轻重的影响作用。

第二节 研究思路与研究内容

一 研究思路

依照科学研究的一般方法,在经典理论剖析基础之上,通过实证研究分析得出研究结论,并针对研究对象所存在的具体问题、提出相关的解决方案与对策。首先,系统研究"全媒体"及出版产业竞争力的相关理论,基于综合性、科学性角度对出版产业的发展现状进行定性和定量分析以及对出版企业发展的比较研究,指出产业竞争力评价的重要性。其次,建立出版产业竞争力评价指标体系,通过数学建模,使用熵权法、灰色关联法等方法,观察反映产业竞争实力的显示性指标和反映产业竞争潜力以及环境的指标的变化趋势,可以发现影响产业竞争力的主要因素,进而将该评价结果运用到出版业的实证分析当中,具体评判出版企业竞争力,并进行比较分析,从而提出增强产业竞争力的政策与措施。然后基于系统、科

---

① 黄先蓉、张友:《出版产业国际竞争力研究综述》,《中州大学学报》2012年第29期。

学的角度，融入影响因素，运用具有区域特征的出版产业竞争力评估体系，并进行中部与东部典型省份的案例分析，从而找出区域出版业竞争力水平差异的原因；基于分析产业竞争力水平对经济发展的影响效应，利用理论分析和数据结果，明确提升产业竞争力水平的必要性，提供竞争力水平改进思路。最后，综合文中定量与定性的研究结果，归纳总结出阻滞出版产业发展的因素，结合区域实际发展情况，同时结合"全媒体"，进一步分析出版企业中出版业与非出版业之间的关系，对现有的理论成果进行判析设定，提升区域出版产业竞争力的核心目标，通过对具有代表性出版企业发展经验的总结，结合区域的现实情况，给出指向性与系统性并重的江西区域出版产业竞争力的提升对策及建议。

二 研究内容

依据以上研究思路，本书主要分为以下六个方面的内容。

1. 相关概念和文献综述

从本书的研究背景和研究意义出发，阐述研究思路和内容，制定技术路线图，介绍研究方法及重点难点以及本书主要创新点。对全媒体出版的概念、产业竞争力的理论及相关概念进行界定。介绍出版产业竞争力评价研究基础，国内外对产业竞争力的理论研究，产业竞争力的评价方法及实证研究。

2. 区域出版产业的现状分析

介绍了出版产业的规模、结构及趋势等基本情况，通过对出版产业发展格局的分析，归纳出版产业发展的各影响要素；分析出版企业的现状，认清企业面临的问题；通过对区域出版产业特征及其影响因素的分析，使用 SWOT 战略分析方法，建立 SWOT 分析模型，发现存在的问题，找出解决办法，并明确区域出版产业将来的发展方向。

3. 区域出版产业竞争力分析与评价模型构建

借助专家访谈、统计分析等方法对作为本书研究对象的凤凰传媒、中文传媒、中南传媒三大出版企业的主要业务、经营模式进行了阐述，并从品牌优势、平台优势、渠道优势、环境优势、内容优势等几大优势对这三大出版企业的核心竞争力进行了分析，基于企业竞争力的内涵及指标体系的构建原则从盈利能力、发展潜力、运营状况、偿债能力四个方面构建了出版产业竞争力评价指标体系，采用定性分析法与综合法相结合的方法，构建产业竞争力评价指标体系，用熵权法算出各指标的权重，并通过灰色关联法构建出版企业竞争力评价模型。通过定性和定量相结合的方法对这三大出版企业的竞争力进行评价与比较，给出从数据的标准化处理到评价结果分析五个评价步骤。

4. 区域出版产业竞争力比较与分析

通过确定各评价指标的权重，在此基础上结合灰色关联分析从盈利能力、发展潜力、运营状况、偿债能力四个方面测度了凤凰传媒、中文传媒、中南传媒这三家出版企业2012年到2016年的整体竞争力水平，可以粗略地看出近五年来这三家出版企业中中南传媒的竞争力相对较强，中文传媒的竞争力次之，凤凰传媒的竞争力相对较弱。

5. 区域出版产业竞争力的实例研究

通过对处于出版产业第一方阵的江西出版集团新媒体战略模式、凤凰传媒的非相关多元化投资以及中南传媒的国际化经营战略的个案分析，指出出版企业各自的核心竞争力有所差异：中文传媒并购智明星通，在手机游戏类新业态出版中获得的收益成为其重要的利润增长极；凤凰传媒通过非相关多元化经营收益来支撑出版主业的发展，以此获得利润与文化双赢；中南传媒旗下的天闻数媒以其平台优势打造新型教育生态圈，并提供整体解决方案以及多元化的在线教育服务，形成以在线教育、在线出版、在线文化金融等为核心的产业集群，其核心项目已经在国内外具备了一定的影响力。

6. 江西出版产业发展路径选择

从政府行为目标、全媒体深度整合、产业盈利模式和企业可持续发展四个层面分别提出有针对性的江西出版产业竞争力提升的路径选择和对策建议。从政府行为目标看，需要完善出版产业政策体系；推动江西出版产业"走出去"战略，促进国际文化交流；规范数字出版管理标准；培养数字版权保护意识，构建数字版权保护系统；加大政策扶持力度，进一步深化出版产业体制改革。从全媒体深度整合层面看，应延伸全媒体出版产业链；建立全媒体整合数据库；拓展读者群，打造线上线下一体化全媒体平台。对优化产业盈利模式来说，应加速完善江西出版产业链利益分配机制；提供个性化服务；构建传统出版和数字出版的双赢模式；培养出版复合型人才。从企业可持续发展角度看，需完善企业内部运行机制；推进品牌建设，发挥品牌效应；强化主营业务，提高江西出版市场化程度；加强资源整合与产业融合；建立科学的数字出版社会效益评价体系。

第三节 研究的技术路线

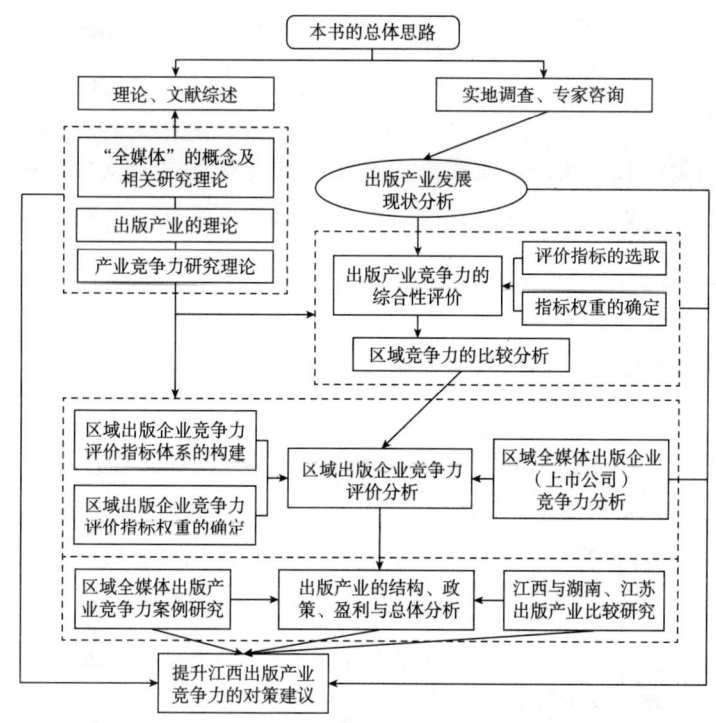

图 1-1 研究的技术路线

第四节　主要研究方法及重点难点

一　研究的主要方法

1. 文献梳理与实地调研相结合

通过文献资料查阅和互联网数据整理相结合的方式收集有关江西省及典型省市出版产业的理论研究、政策发展以及统计数据等材料，进一步实地考察江西省出版企业，以掌握本书主体研究所需的一手数据和资料，形成区域出版产业发展的初步认识。

2. 理论研究与实证分析相结合

对出版业竞争力的评价研究涉及多门交叉学科，相关研究变量较为复杂，因此，需借助产业经济学、区域经济学、地理经济学、循环经济、可持续发展等理论，概括总结出版产业发展研究领域的理论基础，运用列举、比较、归纳、推理、演绎等技术手段，梳理国内外关于竞争力内涵、理论模型、评价指标体系等现有研究成果；明确出版产业、产业竞争力、全媒体等概念内涵以及产业竞争力的构成要素、生成路径、分析框架。然后根据江西省与其他相关典型省市出版产业的实际情况，运用实证分析方法研究区域出版产业发展的现状、规律以及竞争力发展水平，并深入剖析造成现阶段问题的原因，综合整理与分析研究结果，形成研究结论。

3. 定性与定量方法相结合

通过全媒体、产业竞争力评价的概念解析，解析其内涵与特征。评价指标的选取则主要通过专家访谈、企业实地调研、文献综述整理以及研究经验进行选取。对机理分析要结合现实影响因素进行梳理，运用灰色关联分析方法对影响机理进行研究。如各竞争力指标、要素对产业竞争力产生的影响，以及对有利于产业竞争力提升的路径选择、完善机制及政策建议，这些都需要有理论支撑的定性分析研究。在定量分析方面，提出出版产业竞争力的评价、方法以及流程；建立出版产业竞争力评估体系，运用统计和计量方法，采集上市出版集团公司样本数据进行量化分析，针对各章节的研究内容的需要，综合运用线性比例变换法、熵权法、灰色关联法等统计分析方法，制订出较为科学的出版产业竞争力综合评价指标体系。

因此，本书在将定性和定量方法有机结合运用的基础之上，通过系统性、科学性及整体性的综合分析，得出具有一定学术理论价值和现实借鉴意义的研究结论。

二 研究的重点与难点

本书的研究重点主要包括以下几个方面。

（1）基于全媒体视角下，建立区域出版产业竞争力的综合评价体系（指标设定、权重值确立）。

（2）构建区域全媒体出版产业"产业竞争力"评价模型，探寻其发展的内在关系，并确定区域出版产业同社会、经济、文化相适应的最优规模以及对经济发展的影响效应。

（3）通过产业竞争力评价结果及要素影响效应分析，结合产业提升目标，探究区域出版产业发展的体制机制，确定未来发展的合理化路径，以此来制定提升区域出版产业竞争力的切实路径与对策。

本书的研究难点主要包括以下几个方面。

（1）在出版产业竞争力分析上，其难点主要体现在产业竞争力评价分析方面，既要符合出版产业发展要求，又要结合各区域的实际情况，包括其社会经济发展程度，还在一定程度上受限于指标数据的可获得性。

（2）在竞争力各指标要素对产业发展的影响效应分析上，虽然可选的计量经济学方法有许多，同时也有较多学术文献资料的基础理论可供借鉴，但在具体分析中，由于数据的收集难以保证全面、模型建立的合理性无法完全确定、分析方法也有所局限性、输出结果不可控性等问题，导致实证分析的过程较为复杂烦琐，甚至出现分析结论与现实情况不符的情况，由此，在研究过程中需要反复地测验、比较才能得出具有学术价值和现实意义的研究结论，这也是本书的主要难点问题。

第五节 研究的主要创新点

本书在查阅国内外专家学者的理论和成果的基础上，从研究视角、研究内容、评价指标体系构建及数理统计方法的应用等方面开展了创新性研究，对已有的区域出版产业竞争力相关理论成果以及评价体系进行了完善与补充。

（1）从研究角度上说，本书的选题具有前沿性，将出版产业理论与竞争力理论相互融合，以"全媒体"新业态为视角，从新的视角全面客观地阐述出版产业竞争力的内涵，从经济和社会双重属性方面，综合运用多学科理论论述区域出版产业发展现状及竞争力培育模式的研究，实现研究视角的创新。

（2）从研究内容与体系上说，从跨学科理论维度进行分析，在运用经济学、管理学等相关理论研究我国出版产业化的历程、出版产业管理体制的基础上，分析了区域出版产业的现状、影响因素、结构优化方面的机制过程，对区域出版产业竞争力展开实证研究，通过测评结果提出了区域出版产业存在的问题，对产业竞争力提升的制约因素进行分析，构建"全媒体出版业竞争力"指标体系，从横向的维度测评不同区域出版产业竞争力的强弱，从纵向的维度测评同一区域出版产业竞争力历时性的提升演变情况，从宏观和微观层面操作研究，从小的区域范围着手，总结出版企业中出版业同非出版业相互融合并相互促进的作用机理，从而系统归纳出区域出版产业竞争力纵向提升的动力与阻力。根据不同地区所具有的不同资源优势，从出版产业宏观管理体制改革、跨区域出版资源整合、全媒体新业态下出版产业商业模式构建与创新等方面有针对性地提出提升区域出版产业竞争力的对策建议，拓展了出版产业竞争力的研究范围。

（3）从应用方法上说，在三大出版企业竞争力比较的过程中运用了灰色关联分析的方法，通过各样本与母样本之间的相互对比来计算各出版企业的相对灰色关联得分，同时为了避免人为的主观因素，权重的确定未采取运用较为广泛的专家打分法而是借助了熵权法来计算权值。根据熵权法的原理其权重的大小不仅代表了指标重要程度的多少，权重的大小还表示该指标下各样本间的差异化程度，也正好说明了样本之间差异化大的指标具有分析并深入研究的必要性。最后通过加权平均法的运用，实现了组合评价指导思想下灰色关联分析法和熵权法的有效结合。

第二章 文献综述与产业经济相关理论

第一节 全媒体出版的概念

一 全媒体的概念

数字化技术的不断发展使各种媒介间的相互渗透与协调发展成为未来传播领域发展的新趋势,传统媒体与新媒介融合而生的全媒体时代已经到来。

2008年12月19日,同时以传统书籍、网络应用、手机及手持阅读器为载体同步出版发行的长篇小说作品《非诚勿扰》,成为我国首个全媒体出版的文学作品,同时也成为我国全媒体时代的重要标志之一。自此之后,全媒体出版逐渐成为文学领域的新趋势而不断发展,在中国出版业中的影响力也不断提升。与传统媒体甚至是新媒体相比,全媒体出版是一个全新的领域,无论是理论研究还是实践经验都有所不足,科学理解全媒体出版的内涵对于其顺利发展至关重要。对其进行理论研究分析可以为相关领域实践发展提供科学的指导,从而积极有效地提升我国出版业的发展水平。由其字面意思可知,全媒体出版的核心要素为媒体、全媒体、出版等,因此阐述说明相关概念非常必要。

在英语的应用中,媒体一般用"media"一词进行表述。其含义

第二章
文献综述与产业经济相关理论

为信息在公众之间进行传播、交流及相应的一系列传播形式、媒介及方法①。

关于"全媒体"这个概念，是一个集合概念，英文为"omnimedia"，由前缀 omni 和单词 media 合成，它是继多媒体与新兴媒体等概念之后的又一种新生事物，因其发展时间尚短，所以，目前学术界对其内涵还未形成统一规范的科学界定，还未在学界被正式提出，它只是来自传媒界的应用层面。通过网络检索，发现该词源自 Martha Stewart Living Omnimedia 这一美国企业，由其名称可知，该企业将自身定义为专业的生活全媒体家政服务组织。该组织于 1999 年正式成立，以传统书籍、杂志、报纸专栏、广播电视、互联网门户网站等为媒介开展业务，通过丰富的媒介对自身业务进行宣传和推广。虽然在当时该公司的宣传推广的途径几乎涵盖了所有媒体形态，但是与今天更加多元化的媒体形态相比，其"全媒体"的内涵已名不副实，充其量也只是停留在"多媒体"的层面，但其经营方式在一定程度上表达了媒体世界多样化发展与融合发展的趋势。21世纪以来，媒体的内涵日益丰富，形态也更加多元化，真正表现出全媒体的发展态势。媒体的内涵也不再受限于传统的传播媒介，可以说，所有能够以视觉、听觉、触觉等感官形式被人类所获得的信息传播工具都将成为"全媒体"的表现形式，使全媒体的概念内涵不断扩大，呈现出泛媒体的发展趋势②。基于传播内容、手段及载体所依托的技术方式的具体表现，全媒体可以理解为以文字、图像、声音、光线、电信号等为载体的全方位的信息展示方式，综合运用所有已知的传播工具与方法进行信息传播的一种全新理念和实践形式③。在研究领域，具体从不同的维度出发对全媒体的内涵进

---

① 秦崭崭：《我国全媒体出版的传播解析及发展初探》，硕士学位论文，广西民族大学，2011年。
② 陆唯怡：《"全媒体"时代的媒介生态环境变革》，硕士学位论文，华东师范大学，2012年。
③ 刘琴等：《浅谈全媒体的媒介融合》，《印刷质量与标准化》2016年第2期。

行研究和描述：一类是根据不同媒介形态的融合发展而形成的"全媒体"内涵；另一类则是根据不同媒介经营管理方式融合形成的"全媒体"理念，分别从外部形式与管理内涵的角度出发对"全媒体"进行研究和表述。本书研究所涉及的"全媒体"概念，具体为第一类概念，即属于多种不同的形态融合而成的综合媒体体系①。

2008年以来，各类报纸、期刊、网络中频频出现"全媒体"关键词，比如"全媒体时代""全媒体战略""全媒体广告"等。而在出版行业，随着冯小刚《非诚勿扰》的出版发行，开启了我国出版业全媒体时代，极大地提升了出版业的发展水平。在全媒体理念的推动下，数字出版、印刷出版、互联网应用及无线通信应用等成为全媒体发展的重要形态并得到了快速发展，全媒体出版也因此成为各个领域共同关注的热点。在全媒体实践的过程中，理论研究不断发展，"全媒体"的理论内涵日益丰富，为相关实践提供了更加科学有效的理论知识和支持。热门IP（知识产权）的内容优势促使全媒体IP商业模式应运而生，在大数据全媒体时代背景下，IP将成为出版产业未来生存发展不可替代的核心竞争力。

关于"全媒体"的定义，目前主要形成了两种不同的观点学说，分别是"营运理念（模式）说"与"传播形态说"。前者的代表人物为彭兰，后者则以周洋为主要代表②。彭兰（2009）从运营管理的角度出发，将全媒体定义为一种全新的业务管理模式与发展策略，通过各类媒体设备与传播平台的综合运用实现一种多元化的信息传播体系，从而最大限度提升信息传播的效率与效果③。上述解释具体将全媒体出版定义为一种区别于传统运营模式的全新理念，是业务形式的创新与发展，重在"全"的数量整合上，只是量的变化而已。周洋（2009）从媒体形态融合的角度出发对"全媒

---

① 麦尚文：《全媒体融合模式研究》，中国人民大学出版社2012年版。
② 新华社新闻学术年会：《全媒体时代与传媒战略转型》，新华出版社2010年版。
③ 彭兰：《如何从全媒体化走向媒介融合——对全媒体化业务四个关键问题的思考》，《新闻与写作》2009年第7期。

体"进行理解和描述，认为全媒体并不是简单的不同传媒形式的堆砌，而是不同媒体深层次的融合发展与综合运用，以能够使用到的所有传媒方式和工具开展信息传播，从而实现最佳传媒效果①。

在对"全媒体"的内涵进行分析和理解时，需要避免以下偏差错误：一是"全媒体"并非现有传播媒体的简单堆砌和综合运用，这种说法只是总结当时的变化而已，"全媒体"另一种说法为多种媒体形态的有机整合和深度融合，重在全媒体融合的使用上，发生质的变化，这种说法是有前瞻性的。二是全媒体呈现出显著的动态变化特性。全媒体是一个开放的内涵，是所有传播形态的综合体现，因此任何新传播形态都将自然成为全媒体的构成要素，从而使全媒体的内容随着技术的创新发展而不断丰富，呈现出非常显著的动态变化特征。三是"全媒体"与"多媒体"之间存在本质差别。陈栋认为，"多媒体"的内涵具体表现为广义与狭义两种层面的内容。前者是指所有具备信息传播功能的媒介与载体，既包含传统的传媒，同时也包含了新型传媒，是信息传统形态的统称；后者则具体指基于两种及更多传媒形态融合运用的信息传播模式、方法或载体，是能被受众理解和接受的各类信息传播模式和方法的综合运用，能够将相应的信息准确有效地传播给受众，被受众所接收和识别。也就是说，"全媒体"的科学内涵并非是不同的信息传播形式，而是不同传播形式的融合发展与综合运用，以此实现更好传播效果。

有资深媒体人提出建议用"融媒体"代替"全媒体"，全媒体之"全"是形式之全，指的是媒体样式的多少，介质品种的完全，是静态的概括，是基础，当全媒体都围绕一个产品"动"起来时，就是"融"了，而"融"是运作，是动态的概括，是过程，是目的。因本书不是研究媒体如何运作，而是研究媒体在形式发生量变

---

① 周洋：《打造全媒体时代的核心竞争力——中央媒体新中国成立60周年报道思考》，《新闻前哨》2009年第11期。

之后，出版产业如何处理好自身竞争力的问题，所以选择以全媒体的视角来研究区域出版产业竞争力，而非时下热门的"融媒体"概念。

二 出版产业的概念及内涵

产业（Industry）的具体定义和表述非常丰富。不同国家或组织都从各自不同的角度对"产业"的内涵进行描述。我国将产业定义为各类生产性或经营性的事务；英国则将其定义为一种特定的组织形式，以各类产品的生产、劳务的输出为形式获得相应的收入的管理活动。各类定义的共同理念是确定了产业是一种特定的组织形式，其主要工作是产品的生产与经营。

现代经济学理论认为，"产业"是一个特殊的概念。其内涵既不是微观层面的企业组织或者经营个体，也不是宏观层面的国民经济。在现有的理论研究成果中，并未对"产业"提出科学确切的定义，使相关研究不够清晰准确。邓伟根等（1996）认为，"产业"同时呈现出微观与宏观的双重属性。其微观内涵表现为基于共同属性构建起来的企业组织集合，其宏观属性则表现为基于特定标准的对国民经济的科学划分从而形成了不同的内容[①]。苏东水（2005）指出，产业并非简单的特定企业的特定经济活动，也不是部分企业某些或所有的经济活动，其内涵更加丰富，是基于同一属性形成的企业所有的经济活动[②]。

在西方，早在公元13世纪，英语和法语中就有了"出版"的词语——来源于拉丁语的"pabulicare"。《牛津英语大辞典》对"出版"的定义是：以抄写、印刷及其他方式方法对各类文字、图画等类型的作品进行复制和传播并满足公众需求的一种活动。中国社会报总编辑、社长周蔚华等（2018）认为，出版业作为文化的重要组成部分，在树立和坚定文化自信中发挥着极其独特的作用，出

[①] 邓伟根、蒋盛辉：《结构调整与产权改革》，《中国工业经济》1996年第1期。
[②] 苏东水：《升级制造业》，《21世纪经济报道》2005年第10期。

版在延续人类文明、弘扬先进文化、传播知识信息、促进文化交流等文化建设方面起到了中坚作用,没有出版业,人类的文明就会断裂,人类的交流就会湮没,文化自信就难以建立[①]。从古至今的出版发展史表明,出版功能的发挥铸就了文化自信,出版是文化自信的拱心石。

20世纪90年代之后,虽然学术界对"出版产业"的研究分析逐渐增多,但是并未形成统一的观点认知[②]。目前,对"出版产业"的定义多样化,出版业、出版行业、出版事业等都是比较常见的概念。其中,出版事业具体是指特定的社会生产部门通过对现有著作物进行收集和整理并将其进行生产加工使其成为特定出版物的一种经营行为。其内涵分为广义与狭义两个层面。广义的出版事业包含多种不同的主体,具体由出版相关的管理部门、研究部门和生产部门等共同构成的出版体系,充分体现了与出版有关的各项职能作用;狭义的出版事业为出版企业的生产经营活动。在西方国家,出版产业的内涵一般理解为出版业,不会以"出版事业"进行表述。日本将出版业具体定义为以出版为主营业务与经营管理对象的、以营利为目标的企业;英国将出版定义为综合性行业,主要活动是对印刷品进行选择、编辑、生产和销售。

虽然目前世界各国学术界尚未达成对"出版产业"的统一认知,但是不同的定义和表述也呈现出一定的共性。出版产业是一种行业,以出版物的出版、复制及发行为主要活动并实现营利的行业[③]。

结合世界各国对出版业的科学定义与表述,吸收和借鉴现有理论研究成果的科学理念并结合我国社会发展现状,本书对出版产业

---

① 周蔚华、杨石华:《大学出版社在出版业的地位及当前面临的主要问题》,现代出版社2018年版。
② 曾庆宾:《中国出版产业发展研究》,博士学位论文,暨南大学,2003年。
③ Andrew Kirby, "Scientific Communication, Open Access, and the Publishing Industry", *Political Geography*, 2012, 31 (5): 256-259.

的具体内涵进行科学研究分析和表述,具体从以下两个角度出发对其内涵进行理解:一是出版产业的主要经营活动是对各类信息传播媒介载体进行生产经营,是国民经济体系中不可或缺的行业;二是出版产业的核心要素为知识和信息,其主要职能作用是实现文化思想的积累与传播[①]。

出版产业呈现出如下系统性特征:

出版业具体以各类出版物的生产经营为主要活动,通过对图书等出版物的编辑、印刷及发行满足公众的出版物需求并实现自身营利目标。出版产业的相关部门具体由参与出版活动的各类企事业单位共同构成,并不是以特定的管理属性进行划分和归类,而是以具体经营管理活动为分类依据。

与其他产业或者行业相比,出版产业既具有差异性,又与各个产业部门之间存在一定的关联性,是满足公众精神文化需求的主体。出版部门的经营发展并非孤立,而是同多个产业部门之间存在密切联系,在出版产业中,与之相关联部门或产业的发展状况将直接影响出版业的发展。

因此,出版业是非常复杂的一个产业,同时呈现出第二产业与第三产业的发展特征。在社会经济发展与产业结构调整的推动下,出版业的生产结构也将发生显著变化,第三产业部门的产值水平将不断提升,同时第二产业的产值比重则会相对下降,从而表现出日益突出的知识型产业特征。

三 对"全媒体出版"已有的界定

全媒体出版,可直译为 Federated Media Publishing,是目前世界各国普遍认可的一种说法。全媒体出版属于一种新兴事物,无论是理论研究还是实践经验均有所不足,缺乏对其概念的科学界定与系统性表述。

---

① Herbert C. Rudman, "Corporate Mergers in the Publishing Industry: Helpful or Intrusive?", *Educational Researcher*, 1990, 19 (1): 14–20.

童之磊认为，全媒体出版的内涵就是通过多种不同的形式同时出版发行同一产品的经营模式。通过传统纸媒、互联网、手机应用、手持阅读器等载体，为公众提供全方位、多元化的出版物服务，从而实现最好的信息传播效果，并显著提升出版业的整体效益水平。由上述理解可知，全媒体出版兼顾了传统纸媒与新兴媒体的共同发展，能够满足不同用户的多元化与个性化需求，从而极大地提升了出版产业的服务水平和效益水平，以全面、全方位的出版媒介为典型特征。

桂晓风指出，与过去的出版模式相比，全媒体出版呈现出更加突出的先进性与发展前景，能够通过丰富全面的出版形式同步实现优秀作品的出版发行，通过不同媒体与宣传形式的整合应用实现最佳推广效果[1]。以上论述具体从整合营销的层面出发，对全媒体出版的特征与优势进行分析和论述，从而强调并肯定了全媒体出版在营运模式上的创新，同时也表明了全媒体出版的主要对象为优秀的或者表现出良好市场前景的作品。

张勐萌则认为，图书内容是全媒体出版的发展基础，通过丰富的媒介渠道将图书产品进行同步发行，能够以丰富的形式实现资源的有效整合与高效利用，充分满足不同用户的需求，从而实现媒体出版的规模效应，在最短时间内实现出版物的最大价值[2]。上述观点对全媒体出版的对象、渠道和目标进行了科学表述，同时也对全媒体出版的先进性与优势进行了分析论述，充分肯定了该出版模式在资源整合与满足用户需求方面的功能优势。

基于传播学理论，全媒体出版具体呈现出如下特征：一是肯定了全媒体出版的出版本质，将其定义为一种全新的形式，但是忽视了出版主体的积极作用；二是现有的理论研究成果并未就全媒体出版的对象达成统一认知，因此在出版对象界定方面有所不同，存在

---

① 桂晓风：《推进全媒体出版为全民阅读服务》，《中国出版》2010年第17期。
② 张勐萌：《对全媒体出版发展现状与前景的思考》，《中国出版》2010年第22期。

狭义的"图书内容"与广义的"内容"之分。

全媒体是媒介形态大融合时代最新的传播形态，其特征主要体现在集成性、系统性和开放性。相较于传统媒体，全媒体能够更好地满足不同用户的差异性与个性化需求，并且可以有针对性地选择最佳方式为受众提供相关产品和服务，因此能够实现最好的信息传播效果，从而在整体上提升出版业务的效率与效益水平[①]。

四　全媒体出版的定性研究

人类社会的计算机与网络结合是一项改变世界，也改变人类自身的大革命，我们更应该看到，全媒体发展的本质就是人类文明进入计算机和网络时代后，把科学技术与人们的精神世界结合起来，把人类最先进的信息技术创造发明与人们几千年来一以贯之的文化需求结合起来。

全媒体出版的最典型特征是将同一出版内容在不同的媒体上同时进行传播，从而极大地提升了出版对象的影响力，在充分发挥资源整合优势的基础上实现了最佳出版效果。同步发行的形式也保证了全媒体出版在时间与空间上的统一规划，能够同时通过多种不同的形式对出版物进行展示，从而实现了多种媒体的综合运用与融合发展。

在中文在线网站中，"全媒体出版"这一传播形式具体定义如下：出版内容同时在传统渠道与数字渠道进行传播。传统渠道以纸质图书为代表，而数字渠道则以计算机、手机、手持阅读器等信息技术应用与网络工具为主要构成。同步发行的优势在于能够在最短的时间内最大限度覆盖受众，从而表现出资源整合的优势作用与规模效应，极大地提升出版内容的影响力和销售水平，从而实现最佳社会与经济效益。全媒体出版能满足用户不同的需求，克服了时间、空间与形式上的制约，从而充分有效地满足了用户的需求，同

---

① 张志林：《全媒体出版的概念理解与前瞻》，《今日印刷》2010 年第 8 期。

时也最大限度地实现了目标①。

互联网思维、大数据时代，不断地创新与颠覆传统出版理念与模式，促使我们以新的视角来思考与诠释全媒体出版所呈现出的科学内涵。全媒体出版最核心的优势是实现了传统出版与数字出版的有机融合，构建出一种高度关联与深度合作的新型出版模式，充分实现了资源优势的科学整合，将竞争关系转化为合作关系，从而对出版社、技术供应商、移动运营商的业务管理与经营平台进行整合，实现行业的优势互补与资源共享②。因此，全媒体出版产业是媒介、技术、资本的共同融合。由此，"全媒体"出版（Federated Media Publishing）定义为：以多渠道同步出版为核心要素、充分发挥传统纸媒、新兴数字图书的优势作用，全方位开展经营活动的一种出版模式。

由以上定义可知，全媒体出版更多侧重于整合营销的层面，以丰富的出版形式满足用户多元化的出版物需求，从而显著地提升出版产业的发展水平与经营绩效的一种科学发展模式③。

第二节 产业竞争力理论与评价研究基础

20世纪80年代后，世界各国相继开展对竞争力问题的研究分析，并分别从国家竞争力、产业竞争力、核心竞争力等不同层面出发，对竞争力的内涵及意义进行科学研究分析，从而为相关实践提供更加科学有效的理论指导。竞争力理论的代表人物波特，他提出了"五种竞争能力"和"三种竞争战略"。波特在《国家竞争优势》一书中第一次明确地把竞争力定位于产业层次，并在此基础上

---

① 熊利辉：《全媒体背景下少儿图书出版策划研究》，硕士学位论文，华中科技大学，2015年。
② 华雪：《全媒体与自媒体初探》，《科学咨询》2014年第8期。
③ 王园：《简述全媒体出版与印刷》，《广东印刷》2014年第2期。

展开了对国家竞争优势的研究,对产业竞争力的理论做出了开创性的贡献。

20世纪90年代,普拉哈拉德和哈默又提出了核心竞争力概念,以核心竞争力为出发点对企业的资源配置能力与短期经营发展能力进行研究分析,继而对企业的长期发展能力进行分析和预测,为企业的经营管理提供了一种更加科学有效的工具[①],与其他管理学理论相比,核心竞争力理论更加准确地指出了企业长期发展的根本动力与原因。这一理论观点受到了世界各国学者的普遍认可并得到了广泛应用,使竞争力研究进一步得到充实完善。

基于波特的竞争力理论观点,WEF(世界经济论坛)与IMD(瑞士国际发展学院)等组织提出的竞争力评价体系得到了多数国家的认可,从而成为最基本的竞争力分析工具。1995年,我国正式成为该体系的成员之一,为我国竞争力研究提供了一定的基础,极大地提升了我国理论研究的发展水平。其间,IMD组织的钻石研究方法,使竞争力评价体系的内涵不断丰富,评价结果也更加准确,为世界各国的竞争力问题研究提供了更加可靠的理论支持[②]。随着研究的发展,竞争力评价系统也不断发展完善,呈现出多维度、综合性的发展特征,极大地满足了世界各国的竞争力研究分析需要,为相关实践提供了日益科学充分的理论指导[③]。

20世纪90年代初,我国引入竞争力的相关概念,并分别从宏观与微观两个层面出发,对国家与企业的竞争力问题进行研究分析。国内学者对竞争力的研究最初只是限于对西方理论研究成果的介绍性研究上,但随着我国市场经济的发展,我国学者也加大了对竞争力理论的研究,但大多都是利用各种竞争力理论和模型对我国

---

① 宋春梅、孙波:《论国有企业的核心竞争力》,《商业研究》2003年第8期。
② 赵彦云、李静萍:《当代国际竞争力理论及其应用》,《中国人民大学学报》1998年第5期。
③ 龚振、钟爱群:《我国中小企业国际竞争力发展对策研究》,《科技管理研究》2005年第11期。

相关产业进行实证分析,然后提出一些政策建议。

20世纪90年代末,继国家竞争力、产业竞争力、核心竞争力等理论观点后,区域竞争力受到了国际社会的广泛关注,成为竞争力问题研究的新热点。区域竞争力主要用于对特定区域的竞争优势进行评估分析,提出了一种全新的研究视角,能够更加准确可靠地对区域竞争力优势进行分析和评价。区域竞争力体现了不同区域在发展过程中所呈现出来的竞争力差异状况,是区域经济良性发展的动力来源,是评估判断区域综合发展能力的关键指标。同时,区域竞争力水平将直接决定区域社会经济发展水平的高低。

一 国外关于产业竞争力理论的研究

在全球经济一体化加速发展的推动下,产业竞争力逐渐成为世界各国的研究热点,因而受到了更加广泛的关注,相关理论研究得到进一步的发展。通过梳理总结竞争力理论的发展历史,得出该理论研究起步于20世纪70年代,目前已经形成了相对完善的理论体系,为各项实践提供了充分有效的理论指导。

竞争力的概念是多角度、多层次和动态的,可从国家层次、区域层次、产业层次、企业层次、产品层次几个角度来研究竞争力(如图2-1所示)。从其层次特征来看,产业竞争力位于国家竞争力与企业竞争力之间,是介于宏观与微观层面的一种中观理论观点[1][2],可以认为是国家与企业竞争力的中间层次,同时与国家与企业呈现出密不可分的关系。因此,产业竞争力的变化发展对国家与企业竞争力具有显著的影响。从企业竞争力到国家竞争力,竞争力的增强呈现出显著的层次特征,即企业竞争力的增强将提升国家竞争力,企业竞争力是产业竞争力的存在与发展基础。

---

[1] Benhamou F. Peltier S., "How should Cultural Diversity be Measured? An Application Using the French Publishing Industry", *Journal of Cultural Economics*, 2007, 31 (2): 85 - 107.

[2] Freedman M. L., "Job hopping, Earnings Dynamics, and Industrial Agglomeration in the Software Publishing Industry", *Journal of Urban Economics*, 2008, 64 (3): 590 - 600.

基于其空间特征的差异，产业竞争力具体分为国际与国内两个层面的内涵。其中，前者具体指特定产业在国际市场中所呈现出来的竞争力，而后者体现了特定产业在国内区域的竞争优势，因此也称为区域产业竞争力①。区域产业竞争力体现了一国内部不同区域之间所存在的竞争力相互关系，具体表现为特定区域中特定产业在国内市场的影响力。这种竞争力通过产业具体的产品或服务能力进行展示。在本书研究中，出版产业的区域竞争力是指国内层面。

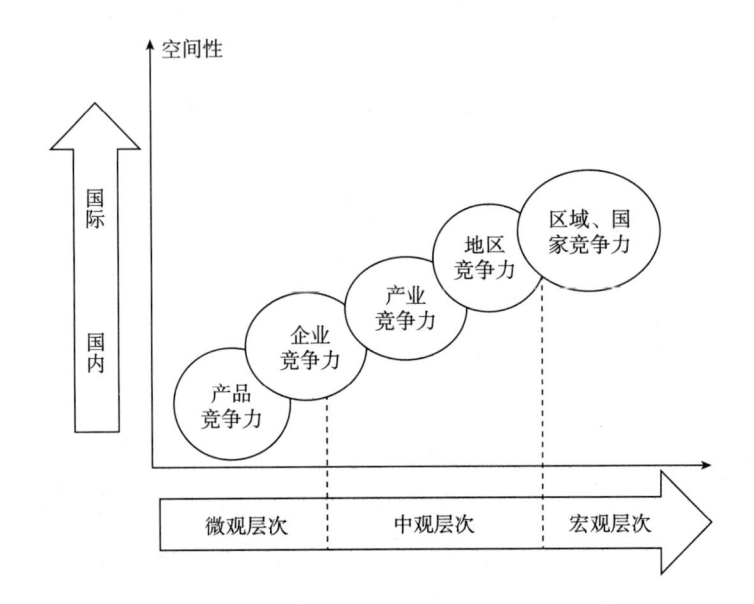

图 2－1　产业竞争力研究的空间性与层次性

自 20 世纪 70 年代以来，随着全球社会经济一体化发展的加速，国际交流日益频繁，从而产生了因国家发展状况差异导致的竞争力差异问题，从而使国际竞争力得到了广泛关注，由此产生了不同的理论研究观点。国外关于国际竞争力的理论研究主要包括结构学派、能力学派、资源学派及新竞争战略管理理论学派，各学派的代

---

① 吴照云：《欠发达地区产业竞争力分析》，经济管理出版社 2001 年版。

表人物及理论观点如下。

1. 产业竞争力成因理论

迈克尔·波特（Michael Porter）是竞争优势理论的核心人物。他认为，系统化的生产分工协作与经济资源要素分配是竞争力形成的基础①。波特是机构学派的创立者和代表人物，在波特的理论观点中，产业具体表现为产品或服务之间存在直接的相互竞争的所有企业，产业竞争力则具体表现为国家创造提供的经营环境，并在相关环境条件下企业所呈现出的竞争优势。他将产业组织相关理论和方法引入企业战略管理中，从经典的机构—行为—效果（SCP）模式出发，认为产业机构和企业组织机构决定了企业的战略和行为以及企业的绩效和盈利能力。自 20 世纪 70 年代以来，波特系统性地完成了竞争力的研究和论述工具，具体从微观、中观及宏观不同层面出发，对竞争力的内涵进行分析和论述，并在此基础上提出了竞争力的影响因素与企业组织的基本竞争策略，并对产业价值链的内涵进行研究分析。在宏观层面，波特构建了钻石模型，用于对国家竞争力问题进行研究分析，并具体探讨比较优势向竞争优势的转化方式，主要内容如图 2-2 所示。波特的这一理论成果，为产业竞争力的研究与实践提供了积极有效的科学工具。该模型的主要内涵是，对于特定的国家而言，其特定产业的国际竞争力水平取决于其产业发展环境。归根结底，国家之间的产业竞争力表现为产业发展环境的竞争关系，影响产业发展环境的主要因素包括生产要素、需求条件、相关产业和支撑产业发展状况、企业结构和战略规划、竞争对手发展状况等。

基于"钻石模型"，波特将国家竞争优势的发展变化具体细分为四个不同的发展阶段并呈现出不同的优势基础，具体内容如下：

第一阶段：要素推动阶段。该阶段竞争优势的基础是生产基本要素的优势，也可以理解为资源优势。

---

① Porter M., *The Competitive Advantage of Nations*, Free Press, 1990: 42-43.

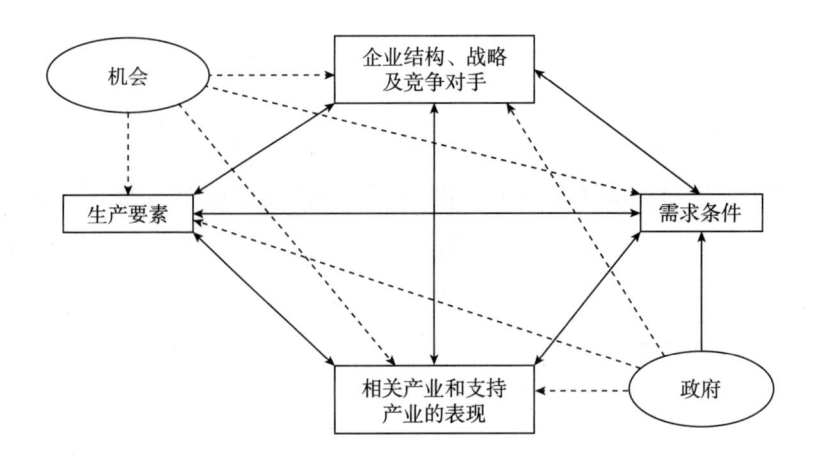

图 2-2 "钻石模型"示意

第二阶段：投资推动阶段。资本要素成为产业竞争力的决定性要素。

第三阶段：创新推动阶段。此时企业技术创新与产品研发能力将成为其发展基础所在，也是产业竞争力的核心来源。

第四阶段：财富推动阶段。国家的整体发展实力将成为竞争优势的决定性因素，该阶段竞争力呈现持续下降的变化特征。

2. 绝对成本理论

亚当·斯密的绝对优势理论认为，任一国家都表现出某种特定优势使其能够处于绝对有利地位进行专业化生产，如果国家能够具体以该资源要素为对象开展生产经营并根据需要进行产品交换，就能充分发挥不同国家的资源优势，从而确保各国的利益和福利。该理论也被称为绝对成本理论。

绝对优势理论明确了分工对劳动生产率的重要影响。对于国际分工而言，其最终的结果就是实现了各国绝对生产优势产品的交换，从而满足各国的发展需求。在该理论中，国际竞争力的核心来源为成本优势，如何实现生产成本的最小化也将成为国家经济发展的关键所在。但是，该理论无法解释在某一国家不具备任何绝对优势的情形下是否能够参与国际分工的问题，而仅仅适用于存在绝对优势的情形。

3. 比较优势理论

李嘉图的比较优势理论表明两国产品相对成本的不同，是产品交换、国际分工与国际贸易的发展基础。该理论积极解释了绝对优势理论中不存在绝对优势条件下，国际分工与产品交换的发生原因。该理论指出，不同国家环境要素与发展水平的差异导致了客观的相对成本差异，从而为国际分工与交换的出现和发展奠定了基础。该理论为当时产业经济的发展提供了科学指导。但是随着社会的发展进步，一些新问题的出现对比较优势理论的科学性提出了质疑。

4. 技术创新理论

熊彼特等提出的技术创新理论认为，技术与组织创新发展是竞争优势的核心来源。熊彼特认为，创新实现了一种新的生产函数，能够将全新的生产要素引入已有的生产体系中，从而使生产体系不断发展进步，进而不断提升了其发展优势进而呈现出显著的竞争优势。根据技术创新理论的具体观点，企业创新的积极性和主动性将成为国家竞争力的核心来源，是社会经济发展的根本驱动力所在。

二 国内关于产业竞争力理论的研究

在我国，进行竞争力研究分析具体侧重于两个不同的角度，并且形成了两种不同的理论体系。一是基于 IMD 的竞争力评价体系，以数据分析为起点，从宏观层面出发对我国的竞争力进行分析评估，在综合分析不同领域、不同层面的竞争力特征之后进行汇总并形成最终的国家竞争力评估报告进行公布[①]，该理论的代表人物有赵彦云等。二是基于微观层面的工业竞争力评价体系。该体系具体以我国的工业企业为对象，通过研究分析对工业竞争力水平进行评估，并且根据相关研究结果构建 CBCM（即企业竞争力监测体系）

---

① 赵彦云等:《中国文化产业竞争力评价和分析》,《中国人民大学学报》2006 年第 4 期。

进行明确直观的公布和说明,以此为工具对企业竞争力的本质与来源进行研究①。该理论体系的代表人物有金碚等。

除上述主要理论体系之外,其他学者也提出了多种不同的理论观点。穆荣平等(2008)系统性地研究分析高新技术产业的竞争力问题后指出,可以构建以实力、潜力、环境及态势等为指标的竞争力分析模型,对我国高新技术企业的综合竞争力进行分析和评估②。江兵等(2000)则以国家地位、产业结构、技术结构、生产能力等为指标构建评价模型,对我国高新技术产品的国际竞争力进行评估分析,并通过28个国家的具体数据对这一模型的科学性进行实证检验③。陈春宝等(1997)根据我国对外贸易的竞争力特征探讨分析了产业发展的科学模式④。

20世纪80年代,邓聚龙通过一种全新的灰色系统对信息不明确、数据短缺条件下的问题进行研究分析,从而获得了一种科学有效的解决方案进而提高了概率分析与数理统计的有效性⑤。该系统具体由多个不同的内容构成,并通过灰色关联度评价法对竞争力进行综合分析评估。该方法具体以某一竞争力最强国家为参考序列,构建函数并通过相关指标对被评价国家与竞争力最强国家的关联性进行研究分析,根据关联度结果对被评价国家的竞争力水平进行评价。具体表现为关联度取值与竞争力正相关。即关联度越大,被评价对象与竞争力最强国家的相似程度也越高,表明了被评价对象的竞争力也越强。该理论方法具有较强的应用价值,目前,有部分学者借助灰色系统理论对我国一些行业和地区的竞争力进行了评价。

---

① 金碚等:《中国产业国际竞争力现状及演变趋势——基于出口商品的分析》,《中国工业经济》2013年第5期。
② 庄亚明等:《高技术产业国际竞争实力测度方法研究》,《科学学与科学技术管理》2008年第3期。
③ 江兵等:《高技术产品国际市场竞争力中外比较和分析》,《中国软科学》2000年第2期。
④ 陈春宝、杨德林:《论利用高技术提高我国产品的国际竞争力》,《国际贸易问题》1997年第4期。
⑤ 邓聚龙:《社会经济灰色系统的理论与方法》,《中国社会科学》1984年第6期。

第二章
文献综述与产业经济相关理论

胡大立等以我国家电企业为研究对象，借助灰色系统对其竞争力水平进行分析评估①。陈光潮等则对比分析了不同区域所表现出来的科技竞争力差异问题②。王际科以我国商业银行为研究对象，构建灰色模型对其竞争力水平进行研究分析。除灰色系统模型之外，目前我国在研究竞争力问题时还使用了多层次分析评价、神经网络评价、模糊综合评价等多种不同的分析评估方法③。

在评估体系构建研究领域，仇方道、朱传耿等以区域竞争力为研究方向，构建了一种综合评价指标体系，对区域竞争力的影响因素及具体的影响作用进行研究分析，取得了较理想的研究成果④。麻昌港、蒙英华等构建了一种三级指标体系，评估分析了产业集群这一特殊产业发展模式的核心竞争力⑤。

在实证研究领域，康桂芬等，汪斌、金星都以RCA（即显性比较优势指数）为工具评估分析了产业竞争力水平⑥⑦。赵洪斌等（2015）以现实生活中的产业竞争力差异性为研究对象，构建模型工具对其原因进行分析和解释，肯定了技术进步与相对发展速度是产业竞争力的核心要素⑧。高彦以因子分析法为工具，对我国不同

---

① 胡大立等：《企业竞争力决定维度及形成过程》，《管理世界》2007年第10期。
② 陈光潮等：《基于灰色系统理论的区域科技竞争力比较》，《暨南大学学报》2004年第1期。
③ 王际科：《基于灰色系统理论的商业银行竞争力评价模型》，硕士学位论文，大连理工大学，2006年。
④ 仇方道、朱传耿：《区域产业竞争力综合评价研究》，《国土与自然资源研究》2003年第3期。
⑤ 麻昌港、蒙英华：《产业集群核心竞争力评价的理论依据及指标体系的设计》，《生态经济》2009年第9期。
⑥ 康桂芬等：《提升京津冀经济圈竞争力的突破口：产业合作——基于河北视角的研究》，《河北经贸大学学报》2010年第31期。
⑦ 汪斌、金星：《生产性服务业提升制造业竞争力的作用分析——基于发达国家的计量模型的实证研究》，《技术经济》2007年第1期。
⑧ 赵洪斌等：《中国出版产业结构优化升级的问题与对策》，《现代传播》（中国传媒大学学报）2015年第37期。

省份的区域竞争力水平进行综合研究分析并提出了竞争力排名结果[①]。陈红川借助因子分析法对工薪技术产业竞争力进行评估分析,为高新技术企业的发展提供了科学的理论指导,并且为政府决策提供了充分可靠的依据,提高了企业经营决策与政府政策决策的科学性[②]。赵彦云等(2006)在产业竞争力评价模型方法上,提出了对称性设计的理论和方法,构建了科学评价模型对产业的国际竞争力与区域竞争力进行评估分析[③]。赵强以提升区域经济竞争力为出发点,对产业集群这一特殊发展模式的竞争力进行评估分析,明确了产业集群的先进性,并对其影响因素进行分析和评判,为产业集群的科学发展奠定了良好的理论基础[④]。王坤从垂直专业化的视角,研究了中国产业竞争力与价值增值的问题。在研究过程中,一方面从理论上构建了中国产业竞争力形成机理,另一方面从实证上分析了中国在参与垂直专业化进程中存在的问题[⑤]。何同亮等运用DEA对我国上市出版企业市场融资效率进行测度,研究表明:我国上市出版企业在规模上分布不均匀,企业间的融资能力和资金利用水平差异化程度较大[⑥]。

除以上研究方向之外,也有学者从其内涵、决定因素及评价标准等角度出发对产业竞争力进行研究分析,并获得了较丰富的理论与实证研究成果,他们共同推动了我国竞争力理论研究与实践的发展,为我国社会经济与产业经济的科学发展提供了充分、科学的理论指导。

---

① 高彦:《河北省工业产业竞争力评价和对策研究》,硕士学位论文,河北农业大学,2007年。
② 陈红川:《高新技术产业竞争力评价实证研究》,《软科学》2010年第8期。
③ 赵彦云等:《中国文化产业竞争力评价和分析》,《中国人民大学学报》2006年第4期。
④ 赵强:《产业集群竞争力的理论与评价方法研究》,博士学位论文,东北大学,2007年。
⑤ 王坤:《北部湾旅游竞争力分析及包容性增长研究》,《现代商贸工业》2013年第24期。
⑥ 何同亮等:《中国上市出版企业融资效率研究》,《科技与出版》2016年第4期。

第三节　产业竞争力的评价方法及实证研究进展

一　产业竞争力的评价方法与模型

前文所论述的竞争力理论观点均停留在定性研究的层面，缺乏定量研究的支撑，因此会出现某些缺陷。随着理论研究的深入发展，计量经济学的理论观点和方法在产业竞争力研究评估中发挥了有效的作用，逐渐形成了基于计量经济学方法的计量分析理论体系。

虽然现阶段区域产业竞争力方法和模型尚未达成统一，但是基本的共性特征之一就是认可了定性与定量相结合的研究方法的重要性。区域产业竞争力研究既包含定性研究的内容又包含定量分析的要素，只是通过其中之一的方法难以保证研究的全面性与科学性，因此必须综合运用定性与定量相结合的研究分析，分别针对无法量化的内容与可量化的内容进行研究分析，以此确保研究结论的全面性与可靠性。现阶段学术界比较常用的定性方法有SWOT分析法，定量研究方法有单指标评价法、综合评价法、层次分析法。

基于计量分析方法的产业竞争力研究一般遵循以下过程：

（1）针对特定产业对其特征进行研究分析并有针对性地构建评价指标体系，确保体系的适用性。

（2）借助科学的方法工具对上述评价指标体系的各项指标权重进行分析确定。

（3）通过模型分析获得目标产业的竞争力量化分析结果。

目前，中外竞争力研究领域常用的评价指标主要包括：IMD、WEF组织构建的国际竞争力评价指标体系；世界银行组织提出的竞争力评价指标体系；联合国制定的评价指标体系；不同国家政府、学者提出的评价分析体系。

虽然上述评价指标体系的内容有所差异，但是整体上比较接近，其研究思路与指标内容基本一致。大多数评价指标体系的理论基础都是波特的"钻石模型"，在该模型的基础上根据具体的研究需要进行优化和调整，从而确保特定领域模型工具的科学性与有效性。这种研究思路具有较强的借鉴价值。我国学者在构建评价指标体系对竞争力问题进行研究分析时，具体将体系中所用的指标细分为分析性指标与显示性指标两大类。前者主要用于对竞争力的成因进行揭示，具体分为以生产效率、管理效率等为主的直接原因指标与影响竞争力的间接原因指标；后者则指用于显示目标产业的市场占有率及利润水平等指标。

由以上内容可知，在采取计量分析工具对产业竞争力进行研究分析时，关键需要解决以下两个问题：

一是选择恰当的评价指标并构建全面有效的评价体系。

二是确定各项评价指标的合理权重。

在具体研究过程中，一般可以借助主观经验明确评价指标，然后采取层次分析法、熵值法、功效系数法等主观与客观方法对指标权重进行分析和确定。

二　产业竞争力的实证研究进展

1. 国外产业竞争力评价的实证研究

波特的竞争优势理论是当前产业竞争力研究分析中最具权威的工具。波特最先对产业竞争力进行研究分析，以数十个国家的数百个产业为研究对象，构建分析模型来对产业竞争力的影响因素进行研究分析，在对比分析各项因素具体的影响作用基础上确定了生产要素、需求条件、竞争战略、政府决策、产业支持等核心影响因素，并在此基础上构建了著名的"钻石模型"，为中观层面的产业竞争力研究分析提供了一种科学有效的工具，为此后的研究与实践工作奠定了良好的基础。

2. 我国区域产业竞争力评价的实证研究

由区域产业竞争力内涵可知，区域产业竞争力是以特定区域为范围，内部各个经济主体在市场环境中区域本身相对于其他同类区域表现出的强烈吸引力和影响力以及资源优化配置的能力。相对于西方发达国家而言，我国学术界直至 20 世纪 90 年代中期之后才开始对区域产业竞争力进行研究与分析工作。大多数的理论研究都是以波特竞争优势理论、国际贸易理论、区域经济发展理论等为研究基础，采取实证研究方法对我国区域产业竞争力进行研究分析，主要成果如下。

(1) 关于区域整体产业竞争力的研究分析。王昆（2012）从垂直专业化的角度出发研究分析了我国产业竞争力特征；宋彦麟（2007）以辽宁省文化产业的发展现状为切入点，对其竞争力进行评估分析；马银戍（2002）系统性研究分析了我国工业竞争力的具体表现；张为付等（2014）则通过研究分析南京产业发展现状，对其竞争力进行分析评估。

(2) 关于区域内特定产业竞争力的研究分析工作。谢章澍等（2001）综合研究分析产业的内生及外生性竞争力后指出，闽台高新技术产业呈现出特定的竞争优势，为其快速发展奠定了良好基础；黄花叶等（2002）等以我国湖北的光电产业为研究对象，探讨分析了其产业竞争力的具体表现。

(3) 基于技术创新的区域产业竞争力研究分析。陆立军、于斌斌（2011）等以我国东部地区的中小企业为研究对象，对其技术创新现状进行梳理分析，明确技术创新与区域经济发展、产业竞争力之间存在显著的正相关。其研究结果表明，随着全球经济一体化的快速发展，国际竞争日益加剧，技术创新成为国际竞争力的核心来源。

(4) 关于外商直接投资与区域产业竞争力的关系研究。裴长洪的研究分析肯定了外商直接投资对区域经济发展、产业竞争力的积极意义；刘光卫、刘映芳（2001）通过研究分析跨国公司对外发展对其投资对象的影响作用，肯定了外商直接投资对东道国社会经济发展的重要影响作用，并且指出了自主创新才是地区产业长远发展与竞争力提升的根本所在。

（5）对地区内产业组织竞争力的研究。傅京燕通过研究中小企业产业集群发展程度同区域产业竞争力的内在关系后指出，产业集群在区域产业竞争力提升方面将表现出积极有效的作用。

（6）对制度创新与地区产业竞争力的研究。徐云峰指出，对于西部地区而言，制度创新是提升当地经济发展速度与产业竞争力的重要措施。

第四节　出版产业竞争力及评价研究

世界银行组织在对比分析东亚地区创新产业发展状况的基础上，结合对英国伦敦、日本东京、中国香港、美国纽约等全球知名创意城市的发展经验，明确了市场、资本及人才的开放与流动对创意产业快速发展的重要意义。创意产业的发展水平很大程度上取决于文化的多样性与理念的先进性。

随着全球社会经济的一体化发展以及我国逐步融入WTO组织，我国的出版产业必然面对全新的外部环境，市场竞争也将更加激烈，加大了出版产业的发展难度。为了实现自身的科学与稳定发展并积极参与国际市场竞争，我国出版产业必须明确自身的发展优势，不断提升核心竞争力，才能奠定良好的发展基础。这也成为现阶段以及未来我国社会文化发展的重大课题。

程三国（2002）指出，随着我国加入WTO组织，市场环境将发生显著变化，客观上要求我国企业有针对性地进行创新和发展，实现经营理念与管理模式的科学转变。他具体以SWOT分析法以及比较优势理论为工具，对我国出版业的发展优势和劣势进行研究分析，但是并未对竞争力影响因素及竞争优势进行研究分析。

关于我国出版产业竞争力方面的研究著作中，贺剑锋（2004）在《中国出版企业竞争力研究》中对中国图书市场的发展历史进行了梳理和总结，在肯定其市场化发展速度的同时，也明确指出了我国图书市场已经呈现出产能过剩的问题，买方市场格局正逐步形成①。目前，我国的出版产业仍然呈现出较为强烈的意识形态特征，使我国出版业的发展缺乏必要的独立性和自主性，加大了出版业转型发展的难度。现代科学技术的创新发展也对出版业传统的管理理念与运营模式造成了巨大冲击，同时也为出版业的发展带来了全新的发展机遇。通过研究分析我国出版产业的发展环境、组织结构、市场特征及人力资源问题后，贺剑锋借鉴西方理论研究方法构建了分析模型，对我国出版产业的竞争力进行评估分析，明确了竞争力的构成要素与具体影响，为产业的优化发展提供了科学指导。蔡继辉（2004）在《中国文化产业竞争力报告》中对我国图书出版业的发展历史进行了梳理，并对其发展现状进行总结和归纳，对现行的产业管理制度进行了评价分析。他认为，我国图书出版产业表现出优势与劣势并存的问题，有针对性地提出了科学发展模式，为我国相关政策的制定和实施提供了有效依据②。上述报告的理论基础为波特的"钻石模型"，同时结合我国出版产业的发展特征并综合对比中日英美德等国家的相关数据，对我国图书出版产业的竞争优势进行科学评估和总结。可以说，到目前为止，该研究成果是最权威、最可靠的理论成果。廖建军（2006）在对比分析了我国出版产业竞争力的基础上，构建评价模型对出版产业竞争力的影响因素与具体的指标进行评估分析③。刘畅（2017）在系统性地研究分析了我国出版产业竞争力的来源、发展历史以及出版集团竞争力与一般企业竞争力共性与差异的基础上，探讨我国出版集团竞争力评价体系设计的目标定位、指标及方法选择，构建出版集团竞争力的结构模型，选取科学健全的评价指标及形成一套具有可操作性的出版集团竞争力评价体系，并以我国上市出版集团为样本进行实证研究，

---

① 贺剑锋：《中国出版企业竞争力研究》，湖北人民出版社2004年版。
② 蔡继辉：《中国图书出版产业国际竞争力分析》，《出版经济》2004年第9期。
③ 廖建军：《中国出版产业竞争力评价问题研究》，湖南师范大学出版社2006年版。

进而为我国出版集团的科学发展与建设奠定了良好的理论基础，积极提升了出版集团的发展路径①。

关于出版产业竞争力研究的文章中，蔡继辉在《中国图书出版产业国际竞争力分析》（2004）中对出版竞争优势的具体内涵与表现进行了研究分析。他认为，出版业的竞争优势具体可以概括为以较低的成本与个性化的产品服务实现最大的经营收益，同时构建了一个基于生产要素、需求状况、关联产业、企业战略、政府决策等指标的竞争力分析模型，对我国出版业的竞争优势进行科学分析。孙寿山认为，可以通过科学的测算与分析方法对我国出版业的盈利能力、市场份额、技术能力进行研究分析，从而明确其竞争优势，为其科学发展提供有效指导②。王伟在《WTO 体系下中国图书出版业的国际竞争力评析》中评估分析了我国出版产业的发展现状。他认为，目前我国出版产业尚未实现完全的市场化发展，因此与发达国家的出版业相比存在较大差距，同时也肯定了我国出版业的发展特色与竞争优势，认为加速自身体制改革与充分发挥自身优势是提升我国出版业国际竞争优势的关键所在③。柳斌杰（2012）在《大力提升我国新闻出版产业的国际竞争力》中总结分析了"十一五"发展规划时期我国新闻出版业的发展成就，进而为今后我国新闻出版业的创新发展提供了科学指导④。佘世红在《基于竞争力提升的出版业强势品牌建设》一文中对我国新闻出版产业的竞争力进行了评估分析，结果表明，当前我国出版产业缺乏充分的国际竞争力，因此在国际市场上难以取得良好的发展成效。为了克服上述问题，

---

① 刘畅：《浅析"互联网+"时代出版集团竞争力评价体系的建构》，《出版科学》2017 年第 3 期。
② 孙寿山：《以转型升级促进传统媒体与新兴媒体融合发展》，《出版发行研究》2014 年第 6 期。
③ 王伟：《WTO 体系下中国图书出版业的国际竞争力评析》，《中国出版》2005 年第 5 期。
④ 柳斌杰：《大力提升我国新闻出版业的国际竞争力》，《中国新闻出版报》2011 年第 2 期。

我国出版产业的首要任务就是打造自身品牌优势，以点带面提升整体竞争实力，充分发挥政府与出版企业的职能作用，创建科学完善的发展战略为自身发展提供科学指导①。田常清、黄先蓉在《我国新闻出版业国际竞争力与影响力提升策略研究》一文中指出，目前我国出版产业在资源整合、组织形式、发展布局及政策等环节存在一些问题，并明确了上述问题与现阶段出版产业发展相关的各要素所凸显的劣势直接相关，以产业经济学为切入点，结合"钻石模型"着重探讨出版产业国际竞争力的现实状况，以期找到有效的提升途径②。张雅在《中国出版产业的竞争力研究》一文中借助经济学、管理学等理论工具，评估分析我国出版产业的竞争力，对中国与发达国家出版业的巨大差距进行了明确肯定，并构建灰色模型对其发展水平进行评估分析，对影响产业竞争力的因素进行分析和判断，从而为相关问题的解决提供了可靠依据③。

总体而言，我国学术界对出版业竞争力的研究分析业已形成了相对丰富的理论研究成果，但是在研究的深度和广度方面还有所不足。大部分研究都是基于定性方法从政府和企业的层面出发对竞争力影响因素进行研究分析，并根据研究结果探讨分析具体的发展对策，相对而言缺乏定量研究与微观研究的内容。如何将传统媒体与新兴媒体融合，将纸质出版业与数字出版融合来提升区域范围内的竞争力，如何从全媒体时代视角出发，以市场需求为出发点，对产品定位、经营模式进行创新发展，构建其更加完善的出版产业链等问题，都是目前亟待解决的关键问题。此外，现有的理论与实证研究并未形成相对统一和完整的理论体系，难为不同出版企业的发展提供积极有效的理论指导，因此无法实现我国出版业的全面与持续

---

① 佘世红：《基于竞争力提升的出版业强势品牌建设》，《中国出版》2012年第7期。
② 黄先蓉、田常清：《我国新闻出版业国际竞争力与影响力提升策略研究》，《河南大学学报》2014年第4期。
③ 张雅：《中国出版产业的竞争力研究》，硕士学位论文，兰州商学院，2013年。

发展，这一问题也需要得到充分的重视。

第五节　文献研究评述

（1）综观国内外专家学者对全媒体、出版产业以及竞争力的研究，虽然理论研究及实证研究均取得了一定成果，丰富了理论内容，但是由于发展时间相对较短，在对全媒体出版产业竞争力尤其是区域产业竞争力这方面的研究还比较少。从现有的研究成果可以得出，上述研究成果无疑对本书研究具有重要的启发和借鉴意义。但在上述研究领域，仍然存在一些缺陷和不足，需要进一步完善和提高。

（2）缺乏跨学科、多元化、综合性的研究成果。虽然我国相关领域的理论研究呈现出高速发展势头，但是现有研究存在范围有限、方法单一等问题，难以满足实践需求。出版业是一种综合性的复杂产业，其具备文化产业与经济产业的双重属性，运营发展涉及经济学、管理学、统计学、传播学等多门学科，产业发展受到国内、国际法律制度、发展政策、经济环境、文化环境等因素的共同影响，使出版产业的发展受到了各项深层因素的较大影响。因此，在对出版业的发展进行研究分析时，必须从其多样性、跨学科的特征出发，全面、系统、完善地开展研究分析，综合运用定性与定量研究分析，科学准确地对出版业的发展水平与竞争优势进行评估分析，准确把握出版业的优势与劣势，为科学发展战略的制定实施提供充分有效的信息依据和理论支持。这正是本书选题的一个重要原因。

（3）研究深度不足。现有理论研究虽然能从不同角度、不同层面出发对出版业的发展现状、竞争力进行研究分析，但是大多停留在对国外文献的翻译和评价层面，缺乏针对性、系统性的研究分析，侧重于实践经验的总结分析而忽视了理论研究，从而导致当前研究体系缺乏创新性，未形成相对科学统一的理论体系，未深入全媒体与经济发展水平关系的层次，本书中的一个重点工作就是在信息时代、全媒体背景下，构建区域出版产业竞争力指标体系，对出版产业经济效益和社会效益进行实证分析，定量和定性分析相结合，提高一定的研究深度。

（4）从全媒体的视角，结合区域不同的经济发展情况，对比出版强省，以整体效益为目标探讨分析出版产业的科学发展模式，为国家政策、行业规划及企业战略的科学制定提供充分有效的依据，满足理论研究与实践发展的理论需求。

（5）在引入经济学理论时，应认真分析、充分考虑出版产业的特殊性，其经济和社会的双重属性，明确所运用的理论和研究模式的适用性，因此本书试图在该方面取得突破。借助科学的研究方法与工具，以数据收集、整理和分析为基础，为研究奠定良好的数据基础，确保研究的科学性与有效性。

我国幅员辽阔，呈现经济发展不均衡、资源分布不均衡问题，从而使产业发展出现较大的区域差异。这些差异化特征适合发展优势互补、竞争合作的区域出版产业。因此，各地出版业必须充分把握区域本身比较优势及优势资源，以发挥比较优势为其发展基础，大力推进出版业的创新发展并为区域社会经济的协调发展做出相应的贡献。基于发展现状的研究分析对我国区域出版产业的竞争优势进行分析和评估，是一项具有理论和现实意义的论题。

因此，本书以全媒体背景下区域出版产业竞争力的具体内涵为出发点，结合相关理论观点，对影响区域出版产业竞争力的因素进行研究分析，明确其影响作用与具体表现。在此基础上，设计竞争力评估指标体系，构建出版产业竞争力评价模型，通过对目前影响出版产业竞争力的关键指标的研究分析，明确当前出版业发展中存在的问题，并针对其问题提出相应的解决方案，从而为区域出版业的发展提供科学有效的对策建议。

第三章 区域出版产业发展现状分析

随着国民经济整体水平的提高,区域出版业的发展从宏观上正处于良好态势,其增长水平同国民经济发展的相关性越来越紧密,市场因素对出版产业的影响正在逐步加剧,而体制性因素的影响逐步减弱。但是,在区域出版产业取得较大成就的同时,也存在不足,面临着巨大挑战[①]。

区域出版产业(也可称为地方出版社)是当前我国出版产业的重要组成部分,出版社数量和产值均占总量的60%以上,区域性出版的竞争优势影响我国出版产业的整体实力和产业结构演变,研究区域出版产业的竞争战略有一定的代表性和指导意义。新时代,区域出版产业的生产环节和竞争格局发生了很大的变化,进行区域出版的竞争力战略分析,研究区域出版产业在全媒体背景下如何通过专业化和相关多元化的竞争战略做大做强对出版产业的发展具有极强的理论和实践指导意义。

第一节 出版产业的发展基本概况

近年来,区域出版产业规模不断扩大,尤其是数字出版的规模

---

① 黄孝章等:《数字出版产业发展研究》,知识产权出版社2011年版。

发展日益迅猛，出版业的市场规模不断扩大，产业总值稳步上升，整体发展呈良好态势。区域出版产业的性质定义一直处于模糊状态，在事业和企业之间摇摆不定，因此具有二重属性：由于我国社会历史发展的原因，区域出版产业的结构和布局既受到区域经济均衡发展的产业政策影响，呈现均衡性，又有事业单位行政管理的条块分割特点，各个省和各个行业都有各自的出版社，形成了明显的区域性特征。

一 出版概况

据有关数据统计，2016年，我国包括图书、期刊、报纸、影像制品、电子出版物等各类出版物年度总量达到了512.53亿件，与去年同期相比，减少了6.9个百分点。其中，图书的重版、重印数量达到了237469种，在全部图书出版中的比重达到了47.5%，可见，出版总量的减少并不会影响优秀著作的社会价值和传播力度。

与此同时，2016年，我国图书出版领域也呈现出比较显著的类别差异。少年儿童读物整体发展呈现上升趋势。2016年，全国各类少年儿童读物的出版种类和数量分别达到了43639种和77789万册。出版种类同比增加了19.12个百分点，总产值达到了12711.59亿元，同比上升了3.81个百分点，实现利润882.7亿元，同比增加了1.23个百分点。其中，新华书店系统及自办发行单位共销售各类出版物208.27亿册，实现2771.34亿元的销售额，与去年同期相比分别上升了4.42个与8.10个百分点。

此外，在图书出版物规模整体扩大的同时，期刊、报纸类出版物的发行数量却有所减少。与2015年相比，出版期刊种类、平均期印数、总印数分别上升了0.7个百分点、下降了4.94个百分点及下降了6.29个百分点；2016年，全国各类报纸的总数达到了1894种，报纸总数、平均期印数、总印数同比分别下降了0.63个、7.03个和9.31个百分点，呈现出较明显的下降趋势。而音像制品、数字出版物也出现了较大幅度的下降，其品种下降11.95%，出版数量下降32.01%。具体数据详见图3-1。

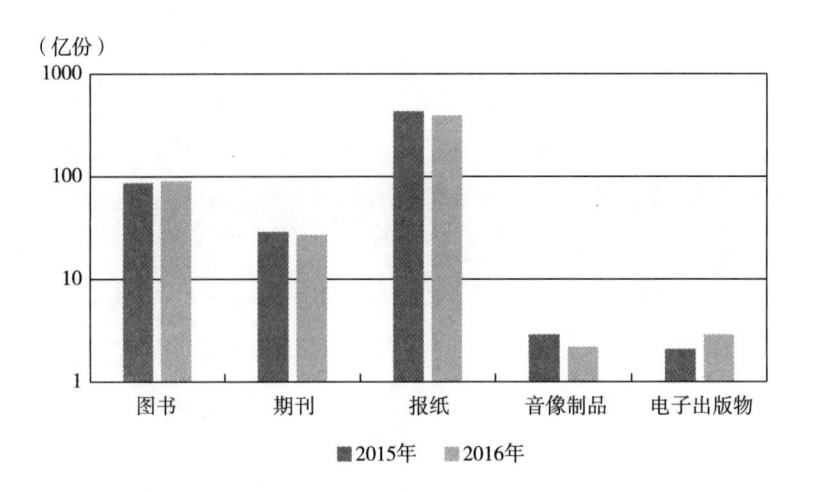

```
(亿份)
1000
 100
  10
   1
      图书    期刊    报纸   音像制品  电子出版物
              ■2015年  ■2016年
```

图 3-1　2015—2016 年主要产业类别规模

资料来源:《2015 年新闻出版产业分析报告》和《2016 年新闻出版产业分析报告》。

统计数据表明,2016 年,我国出版产业的销售总额达到了 23595.8 亿元,与去年相比增加了 1939.9 亿元,同比增长 8.2%,与 2014 年的数据相比上升了 15.4 个百分点,具体如表 3-1 所示。图书出版结构进一步优化,重印图书品种数和总印数大幅增长。本土原创文学、少年儿童类图书市场表现得尤为活跃。图书产品的重印种类、重印数量均呈现出显著的上升趋势,增长速度远远高于新版图书的增速,畅销书的重印使其市场影响力进一步提升。少年儿童类图书的出版发行仍然呈现出良好的发展势头,数字出版物呈现出更加显著的上升势头,成为出版产业增长速度最快的要素,仅数字出版物对出版业发展的贡献率就已达到了 2/3。2016 年,数字出版物年度总销售额达到了 5720.9 亿元,与去年同期相比增加了 1317 亿元,上升了 23 个百分点,在图书销售总额中的比重达到了 24.2%,增长幅度为 3.9%。此外,网络动漫销售额与在线教育销售额的增长幅度分别达到了 250.7% 和 39.4%,是数字出版物中增速最高的产品项目。

表3–1　　　　2014—2016年出版产业收入及增长率

年份	主营业务收入（亿元）	收入增长率（%）	利润总额（亿元）	利润增长率（%）
2014	19967.1	9.4	1563.7	8.6
2015	21655.9	8.5	1662.1	6.3
2016	23595.8	8.2	1792.0	7.8

资料来源：《新闻出版产业分析报告》(2014—2016)。

但是，由于互联网时代全媒体环境下数字出版的影响导致国民阅读习惯和方式的转变，报纸、期刊出版出现全方位下滑，此类产品的营业收入和利润总额均出现亏损，面临着更为严峻的挑战。

通过梳理总结我国出版产业集团化发展过程，可以将其细分为以下三个不同的发展阶段：

第一阶段为20世纪80年代左右。在自发和自愿的基础上形成了跨地区、松散型的图书产品发行联盟。该阶段的主导力量为华东地区省级新华书店、地方文艺出版社等。但是，由于缺乏行政联结与资本关联，该发行联盟现已名存实亡。

第二阶段为1991—1995年。基于行政划分，在地方政府的主导和批准下成立了多个区域性的出版集团。此类出版集团表现出非常典型的行政管理体制和运营机制，大多停留在形式层面，几乎未开展实际的业务，因此以失败告终。

第三阶段为1996年至今。在中央政府的统一部署下，实现了基于资产联结的试点工作，主要形成了出版集团、发行集团、报业集团、期刊集团等试点集团，分别负责出版领域不同环节的统一管理与协调工作。在该阶段，出版业集团化发展进程加速，集团结构呈多样化，类型日益增加，并且逐步开展市场化改革实现现代企业管理模式。但是短期内仍以政府行政管理为主，政企分离的难度相对较大。

在出版传媒集团整体稳定发展的同时，经营状况发生了显著变化。2016年全国120家出版集团的主营业务收入达到了3476.1亿元,拥有资产总额6541.5亿元。主营业务收入和资产总额、所有者权益较2015年均有显著增长。一批综合性出版集团应运而生,上市公司业绩优良,传统出版与新兴出版在内容、渠道、平台、经营、管理等方面的融合不断深化,尤其是新业态业务的比重显著提升,在各大出版传媒集团营业收入中的比重大幅度上升,尤其以中文天地出版传媒股份有限公司等集团表现得尤为突出。

2016年的统计数据表明,全国33家上市出版传媒公司的营收总额达到了1368.9亿元,同比增加236.1亿元,上升了17.2个百分点,利润总额及资产综合分别增加了36.7亿元和520.8亿元,分别上升了27.4个和26.5个百分点。其中典型代表为凤凰传媒、中南传媒及中文传媒三家出版传媒股份公司,其资产总额、营收规模、所有者权益均突破百亿元。与此同时,数字出版、在线教育等新业务高速发展,媒体融合发展的态势日益显著,整体呈现出良好的发展势头。

截至2018年2月28日,A股市场共有18家出版集团成功上市,分别为长江传媒、新华传媒、出版传媒、时代出版、中文传媒、中文在线、凤凰传媒、中南传媒、皖新传媒、大地传媒、天舟文化、城市传媒、读者传媒、新华文轩、南方传媒、中国科传、新经典、中国出版[①]。2017年8月上市的中国出版,是这18家出版上市公司中唯一一家属于国家队的。上述集团的财务报告数据表明,2017年上半年,上市出版公司的营收总额达到了473.38亿元,归属母公司股东净利润达到了54.85亿元,同比分别上升了0.24个及19.30个百分点。经过早期的一味扩大发展规模之后,出版上市公司的经营理念发生了较大的转变,不再停留在品种规模的扩大上,而是更加注重质量效益问题,通过科学的发展战略实现成本控制目标,以此提升企业的资金营运效率从而提高企业的利润水平。

从主营业务收入结构的变化表明,出版上市公司逐渐对自身主

---

① 黄璜:《出版上市公司2016年财报解读》,《出版人》2017年第6期。

营业务结构进行调整，表现出转型趋势。相较于2015年，传统的教材教辅类出版物在企业营收中的比重有所下降，虽然其仍然作为出版上市集团的主要收入，但是呈现出一定的下滑趋势。与此同时，一般图书的销售额及营收占比同步提升。在加快主营业务结构调整的同时，并购也成为出版上市公司拓展利润来源的主要措施。中文传媒并购智明星通游戏公司、时代出版并购江苏名通等都是出版企业年度并购的典型代表，通过并购实现多元化经营与资源整合成为各个出版上市公司的共同选择，相关性较强领域的合作发展将成为未来业务发展的趋势。

2016年同期依靠大宗贸易大幅增长而跃居第一的长江传媒，由于"贸易业务规模缩小"，2017年上半年营业收入出现38.07%的负增长，以45.40亿元营业收入排名第四，营业收入前三名依次为中文传媒、凤凰传媒与中南传媒。其营收总额分别达到了59.91亿元、53.30亿元和49.35亿元。其中，中文传媒的营业收入同比下降了1.75个百分点，凤凰传媒、中南传媒则保持了5%左右的增长速度。具体数据如图3-2所示。

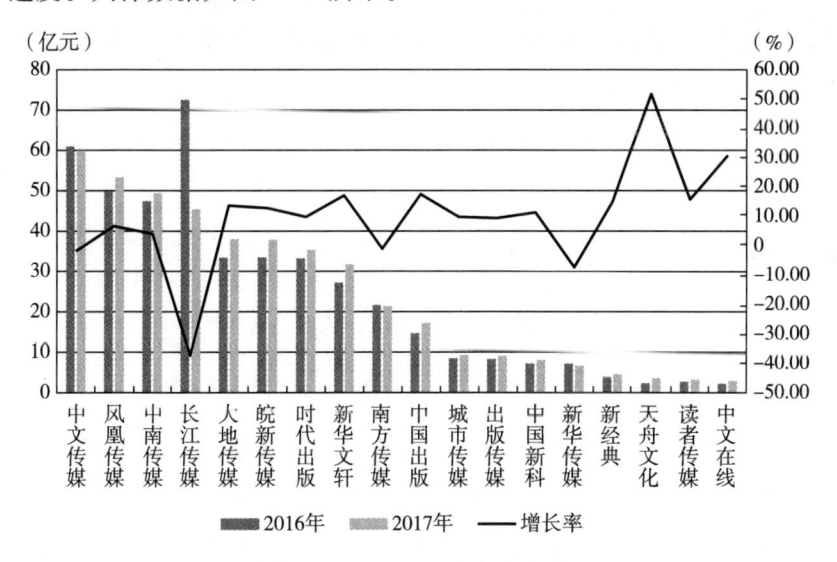

图3-2 出版上市公司2017年上半年营业收入排名

资料来源：《2017年出版上市公司半年报分析》。

由图 3-2 数据可知，在大地传媒之后的第二梯队出版上市公司，其营业收入基本都呈现出 10% 以上的增长速度（仅南方传媒一家的营业收入同比减少），实现营业收入 10 亿—30 亿元不等。

出版上市公司的第三梯队为城市传媒之后的 8 个传媒集团。与第一、第二梯队传媒集团相比，第三梯队成员的体量相对较小，因此营业收入规模也相对较小。除新华传媒的营业收入呈现出同比下降之外，其他传媒集团的营业收入均呈现出不同程度的上升趋势。总体而言，第三梯队的出版上市公司呈现出较好的发展状况，新经典、天舟文化和中文在线作为仅有的三家民营出版上市企业，营业收入均有所增长，其中天舟文化的游戏业务使其营收增长率高达百分之五十以上。业务结构调整也是影响其营业收入的主要因素，读者传媒由于图书广告销售收入的增加导致营收上升与新华传媒由于图书广告销售收入的下降导致营收下降，二者形成了鲜明对比。

就归属母公司股东净利润指标来看，出版上市公司的该指标结果与其营业收入呈现出一致性特征，该指标的变化与营业收入的变化状况基本同步。但是，皖新传媒通过创新型资产处理对权益结构进行了调整，从而实现了 8.29 亿元的账面净利润成为 18 家出版上市公司净利润亚军，增长幅度达到了 72.85 个百分点。

销售毛利率体现了税前利润与销售收入的比值，是评价企业盈利能力与定价能力的主要指标。财务报告的数据表明，18 家出版上市公司的 2017 年中期平均销售毛利率达到了 33.74%，与去年同期相比，上升了 0.66 个百分点。统计数据表明，2014—2016 年，出版上市公司的销售毛利率整体呈现稳中有升的发展趋势，连续三年的销售毛利率依次为 30.61%、31.87% 和 32.44%，整体发展稳定。具体数据如表 3-2 所示。

表 3-2　　　　18 家出版上市公司近三年毛利率一览　　　　单位:%

公司简称	2014 年年报	2015 年年报	2016 年中报	2016 年年报	2017 年中报
天舟文化	45.43	56.68	61.06	61.48	63.78

续表

公司简称	2014年年报	2015年年报	2016年中报	2016年年报	2017年中报
中文在线	46.34	47.18	52.66	48.32	57.68
中南传媒	40.67	41.1	43.80	41.08	43.96
新经典	29.06	31.23	36.58	36.60	42.77
中文传媒	19.98	35.71	40.78	39.41	39.56
凤凰传媒	36.75	37.99	41.59	38.70	39.02
城市传媒	20.15	37.32	36.37	37.93	37.27
新华文轩	39.68	39.48	40.99	37.43	36.4
新华传媒	31.1	31.34	33.89	33.46	35.9
南方传媒	28.14	30.28	28.47	29.48	31.12
中国出版	38.92	37.26	32.98	33.86	30.59
大地传媒	29.12	29.50	29.86	28.78	29.09
中国科传	31.62	29.87	27.44	30.27	27.05
读者传媒	27.58	22.94	25.32	23.63	23.82
出版传媒	21.27	20.74	19.8	21.02	21.1
皖新传媒	23.61	21.78	22.11	19.99	20.71
长江传媒	28.22	12.24	10.53	11.68	17.31
时代出版	13.3	11.00	11.20	10.84	9.86
行业平均	30.61	31.87	33.08	32.44	33.74

资料来源：《2017年出版上市公司半年报分析》。

因为每家出版上市公司的营业收入在结构方面存在差异，因此使销售毛利率也呈现出较大差异。销售毛利率最低与最高的企业分别为时代出版与天舟文化，其销售毛利率分别为9.86%与63.78%。导致巨大差异的原因在于：天舟文化表现出更加积极的经营转型，通过外延式并购实现了游戏领域的业务拓展，使其营收结构中游戏收入的比重大幅上升，一度达到了64.55%的高比重，游戏毛利率也达到了77.77%。通过综合研究分析各家传媒集团的营业收入结构可知，传统主营业务收入的比重呈现出比较显著的下降趋势，通过重组和并购的方式实现了业务结构与营收结构的调整，从而使不同企业在营业收入结构方面表现出巨大转变,因此导致企业销售毛利润发生了巨大变化,营业收入的结构与数量均随之变化。由此可见,非主营业务对出版企业的贡献率大幅增长,有些出版集团在剔除非主营业务利润后,其主营业务实际上是亏损的,甚至出现了依靠非主营业务盈利扭转亏损局面的情况。

二 出版产业发展格局现状分析

纵观我国三十余年出版产业发展史,从产业形态不断地更替与变化可以看出,产业环境对当今出版产业发展格局的影响至关重要。

(一)政策体制环境

首先,我国出版产业由计划经济向市场经济过渡的四十余年来,出版产业的管理政策大致分为以下三个不同的发展阶段[①]。

第一阶段为1978—1991年。该阶段是我国改革开放的初步发展时期,也是传统的计划经济向市场经济过渡发展的关键时期。在这一时期,国家对出版业的管理目标是加速出版业的恢复和重建,保证国有出版企业相对充分的自由权,为其创造良好的发展环境并促进了我国出版产业的发展,但是由于政策的不断变化与调整,使该阶段我国出版业的整体发展出现波动,稳定性较差。

第二阶段为1992—2002年。该阶段是我国市场经济体制快速发展的阶段,计划经济体制的影响力也逐渐降低,初步形成了以市场经济为主导的混合经济体制。该阶段国家对出版产业的总体发展规划是实现其发展模式的转变,由最早的规模数量增长逐渐转变为优质高效的发展模式。为了确保转型的顺利开展,国家先后制定实施了多项管理规定,为出版业的转型提供了充分的制度保障。虽然这期间体制规范了出版产业的发展,但是,部分规定也因为违背了市场规律从而制约了出版产业的科学发展,难以满足其良性发展的需求从而导致其整体发展缓慢。

第三阶段为2003年至今。随着我国体制改革的不断深化,市场

---

① 赵礼寿:《我国出版产业政策体系研究》,浙江工商大学出版社2014年版。

经济体制日益完善，产业发展政策也与市场经济体制更加匹配，为出版业的科学发展创造了良好的发展环境。

由以上阶段划分可知，我国出版产业的政策变动情况与市场经济发展情况呈现出较为一致的步伐。因此，在制定调整出版政策时，应顺应市场化方向逐步进行改革。

尤其是在"十一五"和"十二五"时期，随着数字技术的飞速发展，企业的经营模式发生了巨大变革，生产效率得到了大幅提升。为了实现数字技术在出版产业的高效应用与快速发展，同时发挥数字技术的功能优势优化出版产业的资源结构，并提高其资源配置能力，政府的政策支持成为出版业数字化转型发展坚实的政治基础。2006年，国家先后公布了《国民经济和社会发展"十一五"规划纲要》《国家中长期科学和技术发展规划纲要》和《国家"十一五"时期文化发展规划纲要》，上述发展规划都重点强调了"数字技术"等科技创新技术对媒体转型发展的重要性。2011年《新闻出版业"十二五"时期发展规划》将发展数字出版作为出版行业发展的战略重点。2014年在数字出版管理工作会议上国家新闻出版广电总局副局长孙寿山指出：数字出版对于我国的创新发展将十分重要，能够为出版业的发展奠定良好的基础并提供全新的模式。因此各出版企业必须充分认识到数字出版的重要性，制定实施积极有效的发展规划，确保数字出版的良性发展。这些政策纲要使数字出版业结束了无法可依的局面，开创了数字出版业的新局面。此外，在这一阶段，出版产业结构政策的内容还包括实施重大出版工程和支持农村、少数民族区域出版产业的发展。由此可见，国家政策上的高度重视为出版产业营造了良好的发展环境。数字出版的重要性得到了充分肯定，数字出版物在出版企业产品构成中的比重不断上升，纸质出版物的比重逐渐下降，数字出版势不可当，但也需要充分认识到数字出版发展的难点和风险，积极避免不利影响，为数字出版的发展创造良好的环境，从而积极推动数字出版与数字产品市场的科学与快速发展。

其次,应当因地制宜,根据各地发展实际情况制定实施合理的发展战略和必要的配套政策,从而保证出版业的稳定发展。需要以国家政策为依据,督促地方政府制定实施积极有效的保障制度,为出版业的发展创造良好的政策环境。

最后,出版企业应当积极落实国家的体制改革发展规划,积极实现体制改革,转变传统的行政管理模式,构建起科学的企业管理模式,充分满足市场发展需求,实现出版企业的科学转型与发展,从而积极有效地提升其经营管理水平,实现既定的发展目标。

(二) 社会经济环境

计算机技术、网络技术与信息技术的高速发展改变了人们的生活,各类新兴技术在日常生活中的应用水平不断提升,逐渐成为人们工作和生活中不可或缺的信息来源,这些高新技术的发展为数字出版的快速发展奠定了良好的硬件基础。统计数据表明,我国网络用户规模快速扩大,数字阅读在国民阅读结构中的比重快速提升。数字阅读的快速发展,极大地提升了我国居民的综合阅读率,数字阅读在阅读结构中的比重也显著提升,同时传统图书的阅读率增速有所下降,传统报纸、期刊的销售量与阅读量同步下降。随着智能手机的普及,移动互联网的应用范围不断扩大,智能移动终端已成为人们最重要的阅读工具,充分表明了数字化阅读发展的巨大前景。网络与信息技术的创新发展将推动出版产业的革命性转变。

传统媒体与新兴媒体的融合发展是大势所趋。基于传统出版与数字出版的融合发展的全媒体出版,同时也成为出版业发展的未来方向。全媒体出版的本质是多元化媒介的融合运用,是产业内容逐渐丰富与范围不断扩大的重要表现,从而为出版业带来了一种全新的经营发展模式,推动了出版业的多元化、立体化与移动化发展,极大地提升了信息传播的覆盖面与传媒企业的效益水平[1]。2013 年

---

[1] Chen S., "Knowledge Workers in Contemporary China: Reform and Resistance in the Publishing Industry", *Journalism & Mass Communication Quarterly*, 2016, 93 (3): 689 - 691.

以来，随着我国文化监督管理体制的改革，出版业也进入了全新的发展，行业整体发展日趋规范，媒体融合发展的态势也日益明朗，为区域出版产业的创新发展提供了足够动力①。

以 4G 网络为代表的移动网络的高速发展，扭转了读者传统的文化消费理念和消费模式，也对文化产品提出了更加多元化的需求，从而推动了传统图书出版业的创新和发展。统计数据表明，随着出版业的创新发展，虽然图书出版的种类和数量不断提升，出版单位效益却呈现显著的下降趋势，传统图书出版的效益不断下降的同时，纸张价格上涨，经营成本增加，从而导致了传统业务收入的下降。为了保证稳定发展，各个出版公司纷纷走上了扩大规模的发展道路，使行业竞争日趋激烈。

随着 GDP 的快速增长，国民经济收入增多，生活水平及购买力的日益提升，为满足精神的需求，国民在文化产品方面的消费力，尤其是近年来对数字出版产品的消费呈逐年递增的趋势，个性化消费尤为凸显②。一方面，随着出版企业陆续登陆资本市场，其融资能力加大，为企业的转型发展提供了充足的资金。这为全媒体出版的转型发展提供了有力支持。另一方面，随着产业结构不断升级优化，"互联网+"成为全新的经济形态，知识产业在经济增长中的影响作用不断提升，逐渐形成了科学完善的知识市场经济，全媒体出版产业的知识与技术核心符合知识经济的本质，从而带动经济转型升级。

（三）技术环境

区域数字出版产业以科技创新为发展基础，计算机技术及多媒体技术的日益发展为数字出版业的发展提供有效保障，跨平台阅读及数字保护等技术的应用，为数字出版的稳定发展提供了更加全面有效的安全保护和技术支持，为区域数字出版创造了良好的发展

---

① 肖洋、谢红焰：《数字出版产业生命周期研究》，《中国出版》2014 年第 20 期。
② 周澍等：《国内数字出版产业研究的检视与反思》，《浙江社会科学》2013 年第 3 期。

环境。

三 产业结构现状

"十二五"规划指出,在新兴产业中,数字出版是极为重要的战略发展方向,也是国民经济和社会信息化的重要组成部分。在国家政策和资金的大力支持、技术进步的推动以及全球化和国民阅读方式数字化等因素的合力驱动下,区域数字出版业得到了快速发展[①]。根据数字出版产业的统计数据,过去五年我国区域数字出版产业呈现高速发展势头,无论是年均增速还是产业规模均不断提升扩大,在出版业营收增长中的贡献也不断提升,成为出版业最具发展潜力的要素。整体发展情况详见图3-3。由图3-3可知,移动出版、互联网广告和网络游戏依然是拉动数字出版产业发展的主力军。

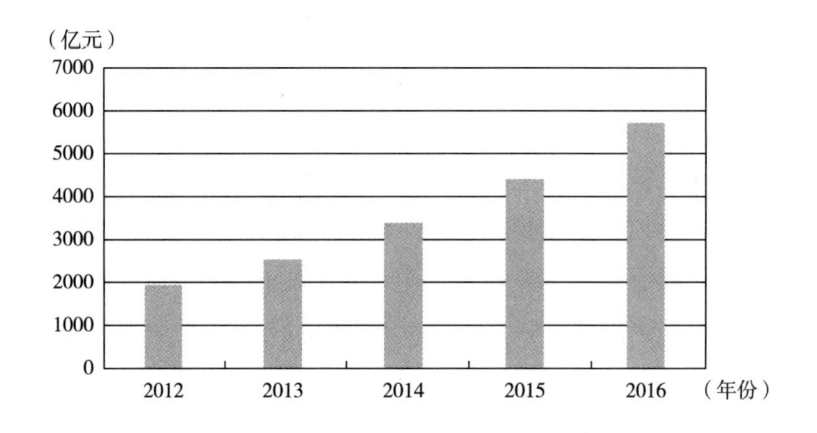

图3-3 数字出版营业收入增长情况

资料来源:《2016年新闻出版产业分析报告》。

数字出版年度报告统计数据表明,传统出版业产品的营收在数字出版产业总收入所占比重近五年来也是呈下降的趋势。相较于

---

① 卢玲等:《数字出版产业协同创新研究》,《出版科学》2012年第6期。

2015年，国内各出版企业的纸质期刊、报纸的种类、数量、销售额均呈现不同程度下降，传统出版产品的销售收入在总营业收入中的比重大幅下降，这一趋势充分表明了传统出版业务的发展困境。与此同时，数字出版业务的规模和销售额大幅提升，逐渐成为出版企业最主要的利润增长点，在一定程度上缓解了企业传统出版效益下降的困境，也在一定程度上表明了数字出版业务的重要性。但是与国际出版业数字化程度相比，差距还非常大[1]。因此，必须加快区域传统出版业的数字化发展和转型。

数字出版的发展基本是从技术领域、非传统出版企业发展起来的。数字出版业务的参与主体主要是IT企业、电信运营商和移动阅读应用开发商，这些主体在移动数字出版领域发挥着各自的优势，而传统出版企业在整个数字出版产业链中，还没有完全找到自身定位，也没有获得数字化业务带来的可观利润[2]。因此，区域传统出版企业的数字化转型迫在眉睫。

出版产业的数字化转型不仅对传统出版业的发展具有重要的作用，同时也开创了一种全新的发展模式，为出版业的发展带来了新的发展机遇。数字出版的出现不仅仅是出版行业发展到一定阶段的产物，也是多项技术共同应用发展到一定阶段的成果[3]。在媒体不断融合的全媒体时代，传统出版业需要根据自身的实际情况，借鉴发达国家和地区数字发展的成功经验，以融合发展理念为指导，加大力度积极进行数字化转型，发展全媒体出版，拓展自身生存空间[4]。

---

[1] Sun, J., et al., "The Current Status of the Publishing Industry in China, *Journal of Scholarly Publishing*", 2009, 41 (1): 92–102.

[2] Wang, W., Gao, C., "The Analysis on Concept and Characteristics of Language Publishing Industry and its Development Strategy under the Background of Digital Technology", *Applied Linguistics*, 2014, 12 (1): 98–105.

[3] 张立:《我国数字出版产业的发展趋势及对策分析》,《出版发行研究》2008年第10期。

[4] 黄孝章:《数字出版产业发展模式研究》,知识产权出版社2012年版。

四　出版企业现状

我国文化体制改革速度不断加快,各个区域出版单位体制转型现象明显,从事业单位体制向经营性企业转型。中央与省级出版单位以《公司法》规定为基础,相继成立有限责任公司与股份制公司,区域条件成熟的部分出版集团成立上市公司。体制转型将"事业单位企业化管理"模式有效突破,加快步伐推动文化产业成为我国国民经济支柱产业[①]。但是,区域出版企业在经历发展与变革的同时,机遇与挑战并存。

（一）出版企业总体规模

2016年,我国新闻出版单位总数为30.5万家,同比下降3.0%。法人单位有15.2万家,同比增长1.5%,在出版单位总数中占49.9%,同比增长2.2%;非法人单位总数为0.9万,同比降低1.4%,在单位总数占3.0%,同比增加0.1%;个体经营企业总数14.4万家,同比下降7.3%,在出版单位总数中占47.2%,同比下降2.2%[②]。

2016年,法人单位营业收入总值为17088.9亿元,同比增长3.9%,在全行业收入总数中占95.7%,同比增加0.4%;资产总额为20485.9亿元,同比增长6.3%,在全行业总额中占93.1%,同比增加0.4%;实现利润总额1306.5亿元,同比增长3.3%,在全行业中占95.8%,同比增加0.5%。

2016年,我国出版行业传媒集团资产规模再次扩大,主营业务的收入与利润总额增长趋势明显。120家图书、报刊出版、发行、印刷集团,实现总营业收入额3476.1亿元,同比增长474.3亿元,增长率为13.6%;资产总额实现6541.5亿元,同比增长523.4亿元,增长率为8.0%;利润总额达到296.6亿元,同比增加49.4亿元,增长率达到16.7%。

---

① 杨萌:《我国出版企业发展现状浅析》,《中国新闻出版报》2013年第4期。
② 《2016年新闻出版产业分析报告（摘要版）》,《中国新闻出版广电报》2017年第5期。

108家图书、报刊、发行集团，实现总营业收入额为3422.1亿元，同比增加477.9亿元，增长率为13.97%，在全国各类出版物发行主营业务收入中占74.5%，同比提高6.9%；资产总额达到6432.9亿元，同比增加520.0亿元，增长率为8.1%，在全行业总数中占84.0%，同比增加2.7%；获得利润295.6亿元，同比增加51.1亿元，增长率为17.29%，在全行业利润总额中占62.6%，同比增加7.9%[1]。

从上述数据可以得出，我国出版产业整体规模和产值呈上升趋势。

江苏凤凰出版传媒集团有限公司、江西省出版集团公司、湖南出版投资控股集团有限公司和浙江出版联合集团有限公司四家集团资产总额、主营业务收入和所有者权益均超过100亿元，晋升"300亿"集团行列。通过对出版集团的总体经济规模进行的综合评价得出，江苏、湖南和江西排名前三位。

2017年6月，中国出版传媒上市公司中35家资产总额为2602.02亿元，增长3.57%；所有者权益1751.30亿元，增长4.55%；当年前6个月营业收入总额实现654.17亿元，同比增长0.96%；净利润105.22亿元，同比增长37.14%。各类新媒体公司净利润增长幅度超过40%，出版传媒上市公司规模不断扩大，利润和产出增长趋势平稳，总体呈稳步发展状态。

（二）出版企业面临的问题

图书产品同质化问题严重，导致库存积压不断增加，市场竞争激烈化程度加深，资金回笼越发艰难，出版利润在市场中不断稀释[2]；数字出版挤占大量资源，读者购买与阅读习惯渐渐发生变化，这些都给传统出版企业造成了极大冲击。

目前，区域出版业正在经历从传统出版向数字出版转型的重要

---

[1] 魏玉山：《2015—2016年中国数字出版产业年度报告》，《印刷杂志》2016年第8期。

[2] 王志：《国内数字出版产业发展趋势分析》，《中国出版》2017年第10期。

阶段，有近40%的出版社设有数字机构，数字出版已成为趋势，但这些企业大多数限于自身规模、收益等因素，只能将数字出版等同于一项普通编辑的业务，没能从战略高度出发实现数字出版的长期可持续发展。2015年，传统出版数字化的互联网期刊、电子书和数字报纸只占数字出版整体收入的1.7%，可见，传统出版企业在数字出版的转型中还有巨大的提升空间，尚在起步阶段，我国数字出版产业还未形成健康、完善的产业发展模式。

首先，传统出版社对"全媒体"这一新业态认识不足，长期占据的垄断资源能维持其一定的经济效益，而数字化转型并不能立即带来经济收益，所以企业领导对数字出版这种需要长远发展的战略不够重视[1]。

其次，区域出版尚未形成完善成熟的数字版权保护机制，传统出版社以内容为主的收费模式无法得到保障，导致大批出版社的数字出版业务停滞不前。大部分出版企业固守内容资源，忽略与技术提供商和平台商的合作；盲目投入资金搭建数字平台，却与市场需求存在严重偏差，基于传统出版思维，单纯将纸质内容数字化或电子化，产品内容结构并未改变，没有充分利用信息技术的优势对内容资源进行多媒体呈现与集成化处理，未能满足用户的个性化需求。

最后，出版企业与技术商、运营商存在利益分配上的矛盾，导致整个数字出版产业链不均衡[2][3]。目前，在我国数字出版产业链的上游，内容提供商的话语权不够；数字出版产业链中游，技术与服务供应商能够提供的数据相似性较大，导致开发浪费现象严重。而且，他们作为行业主要开拓者，能够利用其持有的技术来完成产业

---

[1] 高平亮：《我国数字出版产业发展现状及策略分析》，《财经理论研究》2016年第5期。
[2] 朱云：《数字出版产业赢利模式的创新——基于产业链维度的考量》，《南京社会科学》2014年第9期。
[3] 徐丽芳：《出版产业链价值分析》，《出版科学》2008年第4期。

的转型与拓展。但是上游的内容供应商存在缺位现象,下游运营商又处于垄断地位,整个行业上下夹击,造成处于夹心层的技术服务供应商处处受制,市场化机制尚未完全建成。数字出版产业链上中下游现状,导致该行业发展过程中的经济利润分配格局并不科学,对数字化出版来说不能起到促进作用,需要重新探索产业链利润分配模式。

在行政管理体制方面,区域出版产业发展的特殊性相对凸显,出版企业的高层管理者仍由政府主管部门任命,担负着行政与经营双重责任。出版工作的性质决定了绝大多数出版企业为国有独资企业,单一国有资本结构模式,让企业经营活动灵活性虽然较高,但是行政色彩却成为发展的严重阻碍[①]。转制前的以行政为主的组织结构仍得以保留,形式化的规则导致企业机构冗余现象非常明显,各个部门职能重叠,协作效率低下,出版企业发展效率受到严重阻碍。

第二节 区域出版产业的特征

一 经营范围的区域性

区域出版产业既受到区域经济发展的产业政策影响,又有区域经济文化的差异性,因此,区域出版产业的首要特征就是鲜明的区域性特征。在宏观经济的影响下,对出版产业发展的区域差距来说,就是经济非均衡发展带来的最终结果,对不同区域经济特点而言,其不同之处就在于文化环境、消费、资源以及其他的社会要素等方面。大到一个国家、小到一个城市的出版产业,都体现了区域性的特征,以区域为基点形成差异化鲜明的出版产业。不同的区域

---

① 杨海平、石蕊:《新常态下我国数字出版产业发展态势与路径选择——以江苏数字出版产业实践为例》,《出版发行研究》2016 年第 10 期。

之间，其出版产业的发展模式、市场发育程度、结构要素、经济水平、体制性因素、产业特点等都有明显的区域性特征①。

出版产业对意识形态有着非常重要的宣传作用，是政府宏观政策实现的重要方式，相对于其他产业来说，区域出版产业的布局和结构受到宏观经济政策的制约和影响，出版产业进入市场较晚，有一定的滞后性，其发展具有一定的区域经济特征。随着改革开放和中国加入WTO，出版改革的步伐也在加快。区域经济运行机制的逐步完善，为发展出版产业区域经济提供了有利条件，出版经济配合区域经济的发展，已经逐渐成为经济发展中的活跃因素。由于近年来政府对文化产业的大力扶持，出版区域经济将成为直接的受益者。城乡居民的消费性支出结构，呈现出服务性支出上升的态势。

二 发展水平的不平衡性

虽然由于社会历史发展的原因，出版产业发展长期呈现均衡发展区域特征，但是由于资源的有效配置决定了产业结构的不平衡性，正如区域间的经济发展存在不平衡性一样，区域出版产业也逐渐表现出很大的不平衡性，这种不平衡性表现在文化消费、互联网基础资源、内容资源、各地区响应数字出版业务和竞争力等方面②。

根据2016年新闻出版产业分析报告可以看出，地区规模分布仍不平衡，总体经济规模综合评价前10位地区营业收入占到全国的74.6%，与2015年基本持平；东部地区省份继续占据前7位，但北京被山东、浙江和江苏超越。地区发展先发优势显现，增速前10位地区中，东部地区省份增加3席；增长贡献排名前10位地区中，东部地区省份增加1席。由此可见，东部地区出版产业发展遥遥领先于其他地区。

导致区域出版产业发展不平衡的因素多种多样，其中，经济发

---

① 代光举：《区域文化产业竞争力与发展研究》，博士学位论文，西南财经大学，2012年。
② 黄先蓉、田常清：《我国出版产业国际竞争力提升战略研究》，《中国出版》2013年第1期。

展状况、社会文化资源、区域出版产业政策、资本、技术、人才等是起主导作用的重要因素。但从区域经济协调发展角度出发，又要求区域出版产业之间保持适度平衡，这一方面需要政府在制定规划和政策等方面采取措施，另一方面也需要企业主体在发展方向上注意调整，尽量避免更大的竞争，选择全新的业态，从而使区域出版产业的发展速度、水平、规模、质量和竞争力方面的差距保持在合理范围内①。

三 分工合作的必然性

区域出版产业发展战略，需要将产业结构演变规律作为客观依据，更要遵循地域差异带来的文化经济上的差异特点，根据出版个体所处发展阶段，将战略适用性与精准性合理提升②。

经济与技术发展呈现一体化状态，出版业竞争共赢关系的达成，就是实现区域分工与合作，既要考虑地理区域特征，又要将产业与企业区域考虑其中。区域分工着重研究的是产业经济联系形式，将区域资源条件差异作为研究视角，各个区域可以根据比较优势原则，来优化产业发展模式，用分工形式推动技术创新转化，促成资源合理利用，实现区域出版行业的协调发展。对于我国出版业来说，各个地区发展有一定的差异性，各具特色，不适于用统一的模式来管理不同区域的出版业，所以说，战略研究的是数字出版行业未来发展的大方向。需要通过全方位长效计划来实现各区域出版业的共同繁荣，对出版产业区域分工现状合理进行评估，是确定发展计划的重要前提③④。

由于地域的毗邻性，面临问题的相似性，不同区域出版业的资

---

① 代光举：《区域文化产业竞争力与发展研究》，博士学位论文，西南财经大学，2012年。
② 李春林：《区域产业竞争力》，冶金工业出版社2005年版。
③ Mangani, A., Tarrini, E., "Who Survives a Recession? Specialization Against Diversification in the Digital Publishing Industry", *Online Information Review*, 2017, 41 (1): 19–34.
④ Toelle, J., "Opera as business From to the publishing industry", *Journal of Modern Italian Studies*, 2012, 17 (4): 448–459.

源共享、优势互补、相互合作、协调发展对壮大区域产业整体实力和竞争力,拓展空间,实现共赢的发展目标具有重要的意义。

四 经营领域的多元性

信息技术的飞跃式发展,使我国出版业获得了新的增长空间。近十年来,经济文化体制改革,推动信息技术媒介融合的快速发展,我国出版业相继成立"传媒集团",这种传统出版向全媒体的转变方式,是现代出版业发展的必然方向,在这一发展变革过程中,我国出版业的市场环境也发生了巨大变化。随着网络等新兴媒体的发展,由于大众阅读习惯的改变,读者个性化需求的提高,纸张成本的大幅上涨等因素,传统出版产业遭遇发展"瓶颈",我国出版产业进入了增速放缓的深度调整期,因此,各区域要通过对产业链的调整与延伸,迎合并拓展市场需求。

体制转型后出版集团,将主营业务以借壳上市、IPO 上市的方式把自己打造为上市集团。市场化的转变使出版集团取得了巨大的经济效益和口碑。多家集团在主营业务利润不断增长的同时,还纷纷投入到房地产、信息科技、金融贸易、酒店经营等领域中,2016年,"百亿"公司已经有 11 家,在传媒上市公司总数中占 1/3 的比重,各个集团经营开始出现分化,盈利能力差异明显。多元经营能够扩大规模,分担主营业务风险,给集团提供具有发展前景的产业基础,并给予集团经济保障,进一步推动企业成长。

例如,2011 年在上海证交所上市的凤凰传媒,是一家主业为出版发行的国有控股公司(母公司江苏凤凰出版传媒集团有限公司对其持股 72.8%),教材教辅的出版、发行,均占其主导。江苏凤凰传媒是我国出版产业核心企业之一,品牌影响力巨大,其运营规模十分庞大,拥有重要的内容资源、发行渠道,在人才汇聚方面也具有一定优势。在新媒体互联网的影响下,该传媒集团通过互联网转型,推动境内外并购重组、文化综合消费来继续保持市场领先地位。从江苏凤凰出版传媒股份有限公司 2016 年度报告数据可以看出,不同产业链环节的盈利能力不一样。在集团产业链各环节的毛

第三章
区域出版产业发展现状分析

利润率中,软件、数据、游戏等业务毛利润率较高,均超过50%,传统产业链各环节相对较低。集团基于对国际出版形式的判断和对国内教育政策的把握,通过不断实践,打造了全国领先的"线上+线下"在线教育发展模式并于2016年在数字教育领域营业收入过亿。公司核心战略已经确定向教育综合运营商转型,将传统教育出版模式逐渐边缘化并重新分配资源。近几年,数字网络平台的打造,对软件技术、数据管理等重点板块进行重新布局,向智慧教育业务方向发展,构建具备完整与合理结构的智慧教育产业链。2016年,公司与江苏省教育厅就智慧教育建立战略合作关系,将通过在教学资源、应用服务体系、大数据服务、装备服务四个方面的合作,共同在江苏省推动教育信息化。

体制改革核心就是通过国有资产授权经营方式,将出版集团市场竞争主体地位确定下来,股份制改革是建立现代企业制度的重要方式,能够实现投资主体多元化、集团化,实现市场自主经营、自我发展的方向[①]。要利用有限出版资源来促进各个出版集团多元化经营,这是由于出版行业要得到合理发展,必须要具备足够的出版资源,如果资源有限,那么出版集团发展就会受到本质限制,必须通过相关或非相关领域来实现经营结构的改善,达到辅业对主业的支撑目的,进一步实现扩大再生产的目标。

近几年,区域发展对文化产业发展的重视程度越来越高,出版产业的长足发展正是在政府扶持下取得的成果,集团化上市公司的建立,使出版企业获得重要的资金来源,这种快速扩张的压力让各个集团开始从战略经营角度,构建多元化格局。

区域出版产业市场还不够成熟,各个出版集团收入来源仍然是以教辅类产品为主,产品结构非常单一,容易受到市场变化的冲击,而且传统纸质出版物阅读总量不断下降,大众阅读类出版物市

---

① 金永成等:《基于钻石模型视角的数字出版产业发展路径研究》,《出版发行研究》2016年第10期。

场规模也在萎缩，出版企业必须要找到新的转型突破方向，进入到相关或非相关领域以达到多元经营的目标，实现出版集团在新时期的发展。

当前区域出版业进行多元化经营的原因在于，政策利好条件下转型扩张需求与传统出版主业增长乏力之间的矛盾[①]。从这个角度来看，要将该矛盾合理解决，最重要的方式就是将内容产业视角作为核心，对出版业进行主业的重新认定。对"主业"与"辅业"的认识，在文化体制改革过程中呈现出阶段性特点[②]。

（一）相关领域多元化经营

在相关领域多元化经营的出版集团需要通过自身产业链来带动关联行业发展，将内容资源作为基础，实现多媒体、多渠道的综合产业结构拓展，这是推动文化产业经济效应提升的重要方式。2006年，区域出版业上市融资风潮随着上海新华传媒借壳上市为契机迅速席卷全国，标志着区域出版业多元经营进入全新阶段。文化企业改革逐步深化，国家出台相关政策推动产业升级，各个地区企业的兼并与重组也成为改革重要内容，数字化、全球化压力下，区域出版业进入到深度调整阶段。此时对"主业"认知经历了明确的转变，即由传统图书向现代传媒方向转变，图书的出版和发行作为传统业务，带动周边相关产业链渗透到主业范畴中，围绕核心产业进行多元化经营，比如，影视剧制作、动漫制作、广告会展，以及教育产品延伸、第三方印刷等，这些与互联网信息技术相关以及数字出版相关形态都成为"主业"[③][④]。一方面可以合理满足全媒体发展

---

① 任殿顺：《对当前出版业多元化经营的再思考——几位集团老总观点的启示》，《出版发行研究》2009年第3期。

② 赵洪斌等：《出版产业的概念、内涵及其特征》，《重庆社会科学》2011年第2期。

③ 黄意武、游登贵：《我国图书出版产业现状及发展路径探究》，《中国出版》2014年第4期。

④ 易靖韬、赵锦兰：《图书出版产业结构、企业行为与企业绩效》，《财贸经济》2010年第5期。

时代的发展要求，另一方面可以将信息时代市场分众传播特性作为发展方向。主业与辅业之间要形成一种相互促进和互为基础的模式，这是以多元经营来提升出版集团核心竞争力的重要方式，是企业增强风险抵御能力的重要条件。

出版企业能够成为上市集团，需要将充足资金作为集团扩张的前提，但是资金压力也导致出版集团规模扩张压力增加，对于上市企业来说，在不确定出版业前景时，通常会通过战略角度对行业未来生存与发展进行分析，这是实现出版集团核心竞争力提升的战略，也是实现多元化发展的重要条件。另外，对某些区域出版集团而言，名称变更为"出版传媒集团"后，这表示上市融资能够为集团发展的资金投向提前做好铺垫。

（二）非相关性多元化经营

这种经营模式指的是出版集团将原始资本积累作为基础，通过对大量资金的集纳，将资金投入到出版业以外行业中，能够实现高利润、高回报，这是通过辅业来促进主业增强实力的方式，是集团多元经营战略落实的重要手段。2000年，湖南出版集团成立，首次提出"一主两翼"发展战略，通过图书、报刊出版为主的发展，带动并渗透周边产业，这是区域出版集团构建主体与多元经济共存的现代立体出版体系的主要方式。集团业务曾经跨越多个行业，遍布出版、物流、材料、旅游、金融、生物技术等，在山东、浙江、江苏、江西等地建成集团分部后，实现多元经营战略规划。这些集团投资面向多个领域，包括房地产、旅游、物流等，掀起多元化经营热潮，这个阶段正是出版业多元化经营的实质阶段，但主流观点仍认为图书出版是出版集团的主营业务。

然而，在跨行业经营问题上，由于宏观政策存在行业限制，出版业如果要实现跨地区、跨媒体的经营并不容易，所以多元化投资方向基本是以脱离主业的非关联产业为主，比如，房地产、金融、旅游、餐饮等，经营范围过广，再加上对这些行业认知度不高，出现不少投资失败的案例。经营涉及面多，必然导致管理和目标分散,从而缺乏对知名品牌和主打产品的打造,出版专业化必然受到影响,在一定程度上会影响出版集团的长远发展①。但也正是因为经营分散、多元化的投资渠道,拓展了集团的经营空间,降低了经营风险。因此就非相关行业来说,以多元化经营实现跨行业的发展,正面与负面效应并存,在分担主业压力的同时,新行业的经营风险被带入到出版行业中,也会给企业的经营带来较大的风险。

(三) 出版集团涉足房地产经营业务

出版集团涉足房地产业务,其现象出现的主要原因是,我国市场经济制度不够完善,行业发展大都要受到行政干预,不少企业认为行政手段会给自身带来一定竞争优势,但是这些缺乏市场经济调节的资源汇集方式,并不能称作真正的多元化经营,而是一种利益驱动下的行政投机行为。比如,地区行政力量能够给出版业带来新的发展契机,或者是价格低廉的土地资源,或者是涌入行业的资金支持。但是,出版企业以低价来获得土地开发权,从而获取巨大的收益,这就导致一些区域出版企业投入大量资金经营非主营业务的一种普遍现象。

当下各区域出版集团正处于资本积累时期,实施多元化经营不失为发展阶段的重要战略。多元化虽然可以充分利用企业的剩余资源和能力,对于各个集团拓展新的经济增长点来说,可以摆脱现有的依靠教辅资料获利的传统经营结构。但是,多元化经营必然出现资金分散状态,导致某项重要业务在竞争过程中,无法实现集中资金、资源与能力的情况,这是企业成长动力受到阻滞的根源。由此得出,科斯交易成本理论给企业边界经营提供了较科学的理论支持。当前某些区域出版企业规模过大,导致管理成本增加、运行效率下降。因此,出版集团"大而全"的产业链建立,虽然可以形成一种"兼并"多元经营模式,但容易导致核心竞争力的松散,并不

---

① 王勇安、张雅君:《论出版产业融合发展的战略思维》,《出版发行研究》2016 年第 4 期。

能保证多元经营的成功。因此，从市场经济、消费者需求和集团收益角度考虑，出版多元化经营虽然是经济文化体制改革的必然趋势，但需要慎重选择，企业如果要实现多元经营，需要评估核心能力后建立起正确战略发展目标，在力求资产增值的同时，也要做到对出版主业有所帮助。

第三节　区域出版产业的区域性影响因素分析

出版产业竞争力，指的是区域间出版业竞争与合作关系下呈现出的综合实力。既包括竞争过程中有效产品与服务的提供，也包括未来发展潜能。

通过对波特"钻石模型"理论分析可以确定，产业竞争力构成要素中，主要包括生产要素、需求条件、相关产业、支持产业、企业战略、结构、竞争对手。进行层级划分后可以看到，企业产品实力、企业规模、企业管理属于微观层面，产业资源、产业组织属于中观层面，其中，这些要素均为产业竞争力的直接来源，是竞争力产生的内部要素[1]。市场需求、政府行为则属于宏观层面，宏观环境层面则是产业竞争力的间接来源，是竞争力产生的外部要素。在四大要素之外还存在两大变数：无法控制的机会与不可漠视的政府。为尽可能全面、立体地分析我国出版产业基本情况，本书旨在通过对竞争力理论的深入分析，探讨区域出版产业竞争力的影响因素。

对区域出版产业竞争力有影响的因素非常多，主要包括：经济水平、文化因素、政府行为、市场需求、区域产业集群等。

---

[1] 田常清：《出版产业国际竞争力评价理论与实证研究》，博士学位论文，武汉大学，2014年。

一 经济水平

对于区域出版产业发展来说,其决定性因素就是区域经济水平。区域出版产业和经济条件之间关联密切,存在相互影响、相辅相成的关系。一方面,区域经济是出版业发展的物质基础,出版产业发展一定需要大量资金投入,从生产、运输各个环节着手,用经济基础作为消费市场发展的支撑。所以,不同区域经济塑造出不同出版产业结构。东部地区比中西部地区出版产业发展快,出版产业发展的总体水平较高[①]。东部地区地处我国沿海,由于地理位置、基础设施、人口密度、人均收入等因素都占据优势,有利于文化消费品的生产和流通,这些区域的市场容量和消费规模相对较大,市场相对成熟。尽管中西部很多地域是中华民族的发祥地,少数民族聚集的区域,历史文化资源和民俗资源都较为丰富,但中西部地区多为内陆和经济欠发达地区,其交通、对外交流和产业基础、经济水平方面都比较落后,导致信息资源的匮乏,文化产业人才流失[②]。从出版单位数量和营业收入、实现增加值来看,中西部地区都明显落后于东部地区。特别是在出版体制改革、出版机制创新方面,东部沿海城市在全国范围内都处于前列。另一方面,区域出版产业是推动经济结构调整的重要动力,能够以新的经济增长点来实现文化产业的优化。当前,经济发达的国家出版业也发达,全球排名靠前的出版跨国集团中,大部分都是欧洲北美等发达国家,国际文化贸易基本被这些大型跨国集团垄断,这些都表明在经济发达的区域环境中,能够促进区域出版业蓬勃发展[③][④]。

以市场消费来说,出版产业具有娱乐性和知识性。马斯洛需求

[①] 侯欣洁:《中国数字出版产业政策研究》,中国传媒大学出版社2016年版。

[②] Arjoon, R., (In) "Efficient Market Models: The Reality behind Economic Models in the Publishing Industry", *Learned Publishing*, 1999, 12 (2): 127 – 133.

[③] Rhoods, S., Babor, A., "The Future of Global Research: A Case Study on The Use of Scenario Planning in the Publishing Industry", *Learned Publishing*, 2018 (4).

[④] Huang, X., Tian, C., "International Competitiveness of the Chinese Publishing Industry", *Publishing Research Quarterly*, 2014, 30 (1): 104 – 114.

层次理论中，由低到高分为五种即生理需求、安全需求、社交需求、尊重需求和自我实现需求。层次较低的需求是为了解决生存与生理需求，较高层次就是精神文化需求，只有满足生存需求后，才能够从更高层次获得精神满足①。经济水平的提高意味着人们对精神文化有着更高层次的需求。出版产业要做到的是满足居民精神需求，出版业的生产与发展是要获得利润，因此，需要从内容到形式上都能够满足人们的情感需求和兴趣点，这是调节人们精神生活的重要方式。知识经济时代来临，社会对文化产品的知识性要求越来越高，这就说明区域经济的发展程度与出版产业的发达程度成正比。因此，在经济发达的区域，出版产业发展态势良好。

当前区域出版产业发展并不均衡，重要的影响因素就是区域经济发展不平衡问题，正是区域经济差距过大，造成区域出版产业发展状态不平衡。我国东部地区经济水平较高，对资源的汇集能力较强，出版产业发展相对成熟，所以我国发展较好的出版集团大多集中在东南沿海地区。例如，我国一线城市出版产业发展较快、规模庞大。近几年，湖南、江西、安徽出版集团选择多元化经营，转变单一运营模式，打造规模经济来扩展运营收益，从资产、产值、利润上都获得成倍地增加，如表3-3所示。由此可见，中部地区出版集团表现也很突出，但是从总体规模上看，中西部地区出版社的数量、出版物的数量和利润，都明显弱于东部地区。而西部地区大开发，国家优惠经济政策的实施，转移支付等刺激手段，为西部出版产业的发展提供了良好的社会经济环境，但西部地区的消费市场远不如东部和中部地区，其出版产品基本依赖东部地区的消费市场，或者是远销其他国家或地区，这在一定层面上反映出的是消费市场的重要性。

---

① Alacovska, A., "Legitimacy, Self-interpretation and Genre in Media Industries: A Paratextual Analysis of Travel Guidebook Publishing", *European Journal of Cultural Studies*, 2015, 18 (6).

表 3-3　2016 年总体经济规模综合评价前十位的图书出版集团

综合排名	集团	综合评价得分	2015 年排名	排名变化
1	江苏凤凰出版传媒集团	3.1767	1	0
2	湖南出版投资控股集团有限公司	1.7179	2	0
3	江西出版集团公司	1.5075	3	0
4	中国教育出版传媒集团有限公司	1.3292	4	0
5	湖北长江出版传媒集团有限公司	1.3101	10	5
6	安徽出版集团有限公司	1.2909	6	0
7	浙江出版联合集团有限公司	0.9403	5	-2
8	河北出版传媒集团有限责任公司	0.8352	7	-1
9	中原出版传媒投资控股集团有限公司	0.7156	11	2
10	中国出版集团公司	0.7023	8	-2

资料来源：《2016 年新闻出版产业分析报告》。

二　文化因素

经济水平在很大程度上决定产业水平，但经济并不是唯一的因素。文化资源是出版业核心，也是其决定其发展的重要因素，区域出版产业的发展需要建立在区域文化资源基础上。要实现核心竞争力提升，就需要大力发挥区域出版文化资源，形成一种独特的文化特色。当地的地域文化、历史传承、民族民俗文化等都是重要的产业优势和特色，这些文化资源构成了出版产业发展的资源优势，依托这些优势资源，建构具有地域文化特色出版品牌，从而提升区域出版产业竞争力，也就是说，对当地文化资源利用得越充分，越有利于促进区域出版产业发展。

通过自然禀赋原理来看，不同自然历史文化资源相对富裕的地区，能够形成独特文化条件，这就是文化资源聚集的效应，能够给出版业的发展提供更广阔的空间，并且能对已有资源进行有效利用与创新，打造出区域出版业的特定优势。因此，在拥有文化资源的前提下，跨区域、跨行业整合利用资源优势，利用本土资源和其他区域资源合并后，能够形成本区域出版资源并转化为效益，推动出版产业发展，优化产业效率。另外，不同区域文化、环境和传统习俗都会对区域消费者行为起到引导作用，甚至对当地居民的文化观念、消费习惯、行为选择、心理观念等产生影响，并对区域出版产业发展模式和战略目标产生影响[①]。我国地大物博，幅员辽阔，不同区域的居民性格、习惯等差异较大，江苏和湖南出版产业能做强做大，有一部分原因是得益于当地民众的地域文化认同感以及地域优势。湖南省是我国历史文化悠久的省份，拥有数千年的历史资源沉淀，自然环境、少数民族文化、当地民俗文化等，都是构成湖南独特传统文化资源的基础。比如，楚文化、湖湘文化等，这些都是出版业中可利用的特色文化资源。江苏的地理位置优越，尤其是长江历史文化，是具有认同性、归趋性的文化体系。江苏具有深厚的历史积淀和文化底蕴，拥有雄厚的文化人才队伍，同时，由于外向开拓起步较早，江苏还拥有大批海外人才资源，这些都是江苏发展出版业得天独厚的文化资源优势。

优秀的地域文化是传统文化的承载者和历史文化节点，其文化基因对现代人的精神世界影响甚广，积极研究地域文化现象并深入挖掘地域文化资源，致力于打造特色地域出版品牌，为区域经济社会发展提供精神动力和文化条件，以更好地推动社会经济文化协调发展。

三　政府行为

我国政府为了促进区域出版产业发展，先后出台多项政策，结合地方政府出版产业改革对策，这些都为区域出版产业发展提供了强大的推动力。从政策层面上看，2017年上半年，政府先后推出《关于开展2017年全民阅读工作的通知》《"十三五"推进基本公共服务均等化规则》《关于推动数字文化产业创新发展的指导意见》《国家"十三五"时期文化发展改革规划纲要》等一系列政策法规，

[①] Berg, L. D., "Knowledge Enclosure, Accumulation by Dispossession, and the Academic Publishing Industry", *Political Geography*, 2012, 31 (5): 260–262.

大力促进全民阅读和发展公共文化事业,有利于新闻出版业和文化产业健康发展。同时,我国二胎政策全面放开,新闻出版业有望继续享受人口红利。对于区域出版产业发展来说,出版产业政策具有极其重要的作用,不仅能够促进当地经济增长,同时具有其他政策所不可替代的作用[①]。我国出版产业从20世纪80年代发展到现在,经历了数次巨变,基本完成事业单位到企业的转型。出版业体制的改革导致市场和计划两种公共政策共存,具体表现有:一是部分出版单位始终享有政府拨款事业单位资金;二是出版单位需缴纳企业性质税费。另外,由于图书产品具备正外部性,出版单位能够得到政府给出的税收优惠或者直接补贴。出版业税率相比来说,是明显低于其他行业的,比如,我国工商业产品增值税征收标准一般为17%,但是图书出版物却得到了《关于延续宣传文化增值税和营业税优惠政策的通知》这项政策的扶持,不同类型图书出版增值税可以得到100%或50%先征后退的政策(2013年1月1日至2017年12月31日)。同时,免征图书批发、零售环节增值税。通过转型,我国建立了具有特色的出版产业双重规则制度,在颁布各项法律法规后,能够保障出版产业获得顺利发展的空间。对于区域出版产业来说,政府规制仍然存在明显的行政管理特色,这和完善社会主义出版市场经济体系之间差距较大,所以出版行业政府规制改革必须尽快完成。另外,目前区域有关数字出版的立法明显滞后于产业的发展。关于电子书领域,我国尚未给出这方面的专项法律,目前使用的还是1991年颁布的《中华人民共和国著作权法》,在2011年虽然已经完成第三次修订,但是关于电子书问题的规定还是缺乏详细解释。

从国际出版市场的发展经验可以看出,政府政策能够对本国出版产业发展起到巨大的作用。以美国为例,政府对出版企业的管理与调控,基本是通过法律政策、经济调节、行业协会约束等方式来

---

① 吴江文:《融合·创新·重构——兼议地方"十三五"数字出版产业规划要点》,《科技与出版》2015年第9期。

实现的，其中使用最多的手段就是法律，法律手段对出版企业的管理与调控起到较好的作用和效果，可以维护出版企业政治上的"自由"与"民主"核心思想，还能够在出版管理中实现对行业发展的合理调控[1]。英国出版管理系统，虽然和美国基本相似，但是未建立统一行政管理机构，仅仅是通过法律与政策来引导。英国即便到现在，也没有出台关于出版产业综合法律项目，所有法律都适用于出版产业，通过对出版产业知识产权、商业行为、惩处约束三个方面来实现有效管理[2]。英国对出版产业实施的政策鼓励，基本是以税收方式来完成的，最突出的一个特点就是一般商品征收增值税，出版产业不仅免征增值税，还免征进口税。德国的出版管理体制和法律体系极为庞大和严格，对出版产业的控制可以分为三个方面：一是控制教育出版内容；二是维护整治出版物和国家形象；三是控制不健康出版物。从制度层面来说，正是这些完备的法律体系的存在，保证了出版产业可以获得规范的市场竞争，而且合理保护出版资源，推动欧洲和美国出版产业的有序发展。由此可见，出版产业的发展与政府行为密不可分[3]。

出版产业是现代社会的新兴产业之一，发展初期需要得到政府支持，在产业的发展初期，政府的扶持力量对产业发育与发展都有着直接影响。地方政府在面对这种情况时，需要通过政策来引导产业发展，营造健康的环境，如果可以将出版行业放置在政府工作的重要议程上，就能很快推动产业发展。否则，如果任凭产业自由发展，那么短期内是无法获得重大进展的。

四 市场需求

市场需求要素包括需求规模、需求结构和消费者行为。这三个

---

[1] Griffin, J., "Access to Research: An Innovative and Successful Initiative by the UK Publishing Industry", *Learned Publishing*, 2016, 29 (2): 119–123.

[2] Jei, X. U., Wahls, M., "The Scholarly Publishing Industry in China: Overview and Opportunities", *Learned Publishing*, 2012, 25 (1): 63–74.

[3] Muteti, M. M., *Strategies Adopted by Postel Yellow Pages to Gain Competitiveness in the Publishing and Advertising Industry in Kenya*, University of Nairobi, 2014.

要素对区域出版竞争力的形成起到极为重要的作用。

首先,从需求规模看,各地区经济发展水平不一,文化风俗不同,导致区域间文化消费的不平衡,全国各地文化消费结构存在很大差异,因此,文化产品的整体需求规模不同。

其次,从需求结构看,如图3-4所示,各区域图书所占全部出版物的比重仍然最大,在各类图书中,中小学课本、教材等教育类图书仍占极大比重。教育出版在出版行业中占有重要地位,教材、教辅资料等都是重要的组成部分,是我国图书出版业的重要产品分类之一。近几年来,中小学在校生人数大量锐减,大众出版物持续增长,教材类出版物的印数、印张、定价,在图书出版业整体比重中呈下降趋势,根据国家新闻出版广电总局统计,2016年,我国出版课本总印数32.77亿册(张),总印张262.51亿印张,折合用纸量61.69万吨,定价总金额355.04亿元。与2015年相比,种数下降1.89%(初版下降10.96%,重版、重印增长2.75%),总印数下降1.28%,总印张下降0.22%,定价总金额下降0.92%。但是,课本品种数量、总印数都是常数,数据较稳定,这表示教育出版以品种为竞争力的情况有逆转趋势。

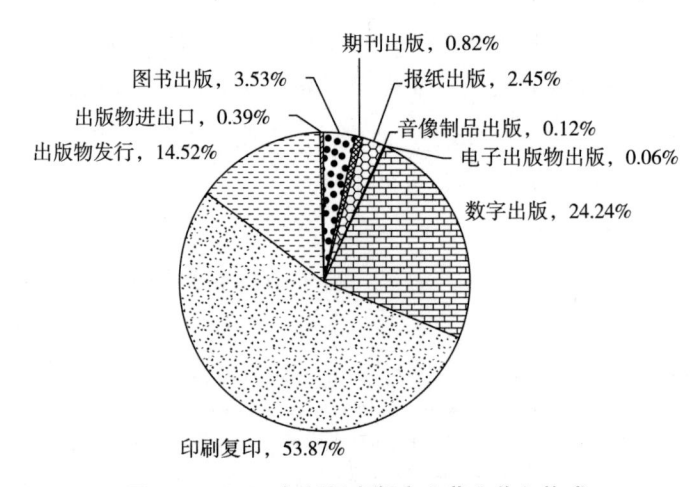

图3-4 2016年新闻出版产业营业收入构成

- 期刊出版,0.82%
- 图书出版,3.53%
- 报纸出版,2.45%
- 出版物进出口,0.39%
- 音像制品出版,0.12%
- 出版物发行,14.52%
- 电子出版物出版,0.06%
- 数字出版,24.24%
- 印刷复印,53.87%

资料来源:《2016年新闻出版产业分析报告》。

少儿图书出版继续保持快速增长，尤其是2016年前6个月，博洛尼亚童书展等类似展会相继开幕，少儿出版行业得到进一步发展，总印数和单品种平均印数显著增长。少儿图书品种达到4.4万种，同比增长19.1%，总印数达到7.8亿册（张），同比增长40.0%。《平凡的世界》《曹文轩纯美小说·草房子》等8种本土原创少儿类文学图书，累计印数都在100万册以上，比2015年有所增加。

党的十八大在哲学社会科学工作座谈会中说过，哲学社会科学不可替代，并由此提出专业出版发展的新方向，给出新的要求标准。因此，专业出版无论是内容创作还是成果出版，都呈现新的快速发展状态。出于政策导向，2016年专业出版图书申报量占比接近同期图书总量的三分之一。专业出版图书板块特征十分突出：一是职业教育图书成长性较好。《中共中央关于制定国民经济和社会发展第十三个五年规划的建议》当中，将"提高教育质量"作为主题，将现代职业教育系统作为重要项目来扶持。受益于中央政策的影响，"十三五"时期职业教育图书得到较好的发展空间。二是学术图书品牌化效果较成功。在不同专业出版领域，都可以看到各有优势的出版机构以及代表品牌，社会科学文献出版社拥有哲学社科类图书的出版优势，品牌系列已经在行业内产生良好的口碑。比如，商务印书馆侧重西方哲学、社会科学名著，"汉译世界学术名著丛书"是知名度最高的社科学术品牌；中华书局以传统文化图书为主；中国少儿科学出版社专注于少儿书籍；高等教育出版社以高端专业学术资料为出版核心。这就是不同出版社的专业优势所在。

由此可见，各区域出版物的总体需求结构主要集中于教育出版、少儿出版以及专业出版三大类，总体需求结构还不够完善。

最后，从消费者行为方面看，近年来我国区域经济的稳步增长在一定程度上增强了人们的消费能力，为出版产品购买提供了物质基础。消费者是决定出版产业发展的根本方向，由于不同区域文化消费传统的差异，因此谋求出版产业的发展需要了解消费者的心理和习惯①。不同地区居民的文化消费水平与其自身的受教育程度以及个人的收入水平密切相关；各个区域消费习惯、观念、水平都各不相同，并渗透到文化出版领域中。《国人文化消费心理调研报告2016》将我国各个城市文化消费情况做了梳理，从综合指数排名来看，上海、北京、长沙分别位列前三。以区域满意度来看，我国居民对文化产品和服务满意度差别不大，华中与西北满意度相对较低，其他地区差别并不明显。

由于区域文化消费观和经济收入的差异，部分落后地区的居民相较于发达地区的居民来说，长期持久的文化消费习惯和良好的文化消费认知尚未形成，区域文化氛围不浓，多数都是偶尔的文化参与、文化消费，而且对文化产品价格的判断能力并不强，时常会低估文化产品价格。

文化消费的本质就是精神消费，这表示出版产品必须得到消费者的认同。出版产品种类繁多，当地人文风俗、民俗习惯和经济发展水平等都与线下产品的消费紧密相关。所以，区域文化消费发展需要通过相应的区域政策性指引来完成。但是线上消费行为的区域差异并不明显，由此看来，处于线下的文化消费活动需要以线上模式来完成推广，将线上线下相互结合在一起，深入挖掘稳定的文化消费群体。

五 区域产业集群

出版产业集群是产业链上的主体在地理上的集中，产业地理集聚能够凸显专业分工、基础设施共享、外部性等规模经济优势，可以提高企业对外部环境不确定性的应对能力，增强自主创新功能。

对促进出版产业研发能力的增长来说，产业集群是重要的土壤，集群中企业可以更好地获得技术支持，而且能够利用集群内网络结构实现联合创新，这是降低单个企业创新风险成本的重要措施，从

---

① 刘琛：《"互联网+"时代出版产业生态变化与发展出路》，《甘肃社会科学》2016年第3期。

而提高技术创新成功率[①]。而且企业间的竞争会迫使其主动进行技术创新，集群内产业化商业运营模式，可以为新的科研成果实现生产力转化提供资源和动力。

在出版产业基地内部，企业能够通过集群优势来实现技术共享，并且推动协同创新发展，各个企业之间能够形成良好的合作与竞争关系。内容和技术提供商、平台供应商之间，通过各自的优势领域获得健康发展与合作的契机，从而保证企业能够获得最大利益，并且增强核心竞争力，推动产业集群升级和转型的成功。

对于资本运营来说，集群内企业可以根据产业集群规模和品牌效应，得到比集群外企业更好的资源与优势，特别是信贷风险、信誉风险方面，能够削弱信贷约束，降低资金成本。

因为出版产业对自然环境、资源环境的依赖性都较少，产业集群发展需要通过知识资本、技术信息化来实现，受到政府政策与当地经济发展水平的影响。集聚结构对产业发展的影响较为明显，很多研究都表明，大型企业占比越高，集聚产业凝聚力就越强。核心企业群发展能够促使产业链专业化分工合作更加精确，这是吸引外部企业入驻的优势点。而且，集群内部核心企业群基本都是行业领军集团，在一定程度上甚至可以主导行业发展方向。所以，这部分企业资金、技术、知识信息等的发展与扩散，以及其"示范效应"都是实现行业良性竞争合作关系的重要因素。由此可见，区域产业集聚和规模效应对区域出版产业的发展有着举足轻重的影响。

第四节　区域出版产业的 SWOT 分析

一　SWOT 分析的意义

在对出版产业现状分析的基础上，可以使用 SWOT 分析法对区

[①] 金永成、钱春丽：《数字出版产业园区的集聚效应研究——以上海张江国家数字出版产业基地为例》，《科技与出版》2013 年第 10 期。

域出版产业进行定性分析,将其优势(Strength)与劣势(Weekness)、机会(Opportunity)与威胁(threat)进行定性分析。SWOT分析法不仅可以对被分析对象各个层面问题进行分析,还能够通过综合评估来得出结论。这种分析法重点在于对内部资源、外部环境,以全方位解析的方式对被分析对象做出较为科学的规划与判断。在实际应用中,该分析法并非是简单的四个板块结构,而始终都是以交叉方式进行互动的。因此,SWOT分析是一个系统工程,可以将企业所在地区和行业现状进行清晰客观的梳理,得出精确度较高的信息。

二 区域出版产业的竞争优势分析

(一)资源禀赋和区位优势

出版产业竞争力指的就是出版产业现实发展能力与可持续发展能力。由于出版行业在文化传承、知识普及、传播价值观等方面是具有其特殊性的,所以在市场竞争中,既会展现出现实中的产业实力,又会将其未来可预见发展潜力展现出来。丰富的资源禀赋和特有的区位优势为东、中部地区出版产业发展提供了良好的基础条件。

美国学者波特认为,以文化优势为基础,这是最根本、最持久、最核心的竞争优势,是最难替代与最难模仿的。我国出版行业发展过程是文化资源转化为文化产品与服务价值的过程。我国属于多民族国家,民族文化在相互交融过程中,会展现出排他性、开放性与包容性并存的特点,各地区的文化越来越频繁地相互交融,为出版产业的文化创新带来新的空间。所以,出版产业发展不可能离开作为基础的文化资源,而出版从形式上划分,属于无形文化的精神文化资源。

资源禀赋,指的是某国家或某地区拥有的不同生产要素。具体包括劳动力、资本、土地、技术、管理思想等。这些要素数量是决定区域出版产业发展的重要因素。我国东部沿海地区经济水平较高,拥有比中西部地区更多的资金、人才和技术上的优势,而这些优势是区域出版产业发展的关键因素，这就是要素禀赋和区位优势的所在。本书所指东部地区，主要包括北京市、天津市、河北省、山东省、江苏省、上海市、浙江省、福建省、广东省、海南省十个省市，是我国社会经济最发达的区域。从地理形势来看，东部地区地势平缓、自然环境平和、资源种类丰富，而且交通网络发达、技术力量雄厚，文化管理和经营水平较高，具有强大的人才资本优势，城市密集度大，居民对市场经济的认可程度高，而且文化产业市场运作规律稳定，市场竞争有序，能够发挥出文化企业的龙头作用，实现出版产业协作配套的目标，这是信息技术交流的重要优势。从20世纪80年代开始，随着改革开放不断深入，东部地区优势获得更多更利好的政策支持后，呈现出更具竞争力的经济发展态势，同时也带动投资、人文、基础设施等领域的改善。随着出版业的不断发展，在长三角、珠三角地区形成区域性图书出版规模后，会出现一种"拔节"状态，这两个区域的各个省市图书出版业发展倾向基本相同。特别是长三角（上海、江苏、浙江、湖南、湖北）地区出版行业竞争力水平处于较高层次，且旗鼓相当，这是经济区域化发展推进出版产业区域化发展的必然结果。可以说，长江三角洲地区是我国图书出版业的第二个中心。随着地区经济区域化发展，出版产业必然也向区域化发展，经过近四十多年改革开放的发展，东部地区经济实力已经遥遥领先，人均GDP在全国处于领先水平。随着国家对文化产业支持力度的加大，东部地区资源和政策优势的发挥，使广东、江苏、浙江等省成为我国出版业强省，处于行业发展龙头地位。

出版内容的创新要以中华民族文化作为根源，以深耕细作的方式建构新时代所需的文化产品。我国各地区文化各具特色，中部地区历史文化底蕴极为深厚，这种传统文化的深厚优势就是中原六省最宝贵的文化财富。比如，全国知名的中原文化（河南）、荆楚文化（湖北）、湖湘文化（湖南）、徽文化（安徽）、晋文化（山西）、红色文化（江西），就是这六省各有的特色文化。中华文明主要发源地是河南,经历了20多个朝代建都或迁都,可以说,中原文化就是中华文化主要流脉。而山西晋文化属于独特地域文化类型,最早兴起于先秦,在唐宋时期兴盛,到明清时期达到巅峰,这是中华文化重要支脉之一,内容包罗万象,蕴藏着鲜明的哲学、文学、艺术与建筑内涵。安徽文化的丰富与多元化,是由于地域差异形成各种内涵深厚的文化风格,包括淮河文化、皖中文化、徽州文化等,各有特色又互为一体。因为地理位置特殊,我国文化历史发展过程中三次南北文化碰撞都是发生在安徽,这也是安徽文化具有南北文化交融深刻印记的重要原因。湖南湖北两地楚文化源远流长,包括炎帝神农文化、楚国历史文化、秦汉三国文化等。与中原文化相比共同之处在于,楚文化中的忠君爱国、积极进取、革故鼎新等,都是中华民族文化资源中的宝贵财富,差异在于,中原文化更重礼法,楚文化侧重于情感方面。而且湖南理学文化、宗教文化、书院文化、名人文化,江西铜文化、瓷文化、禅道文化等,都是中华民族文化历史上宝贵的文化财富[①]。出版是民间文化交流的重要方式,在文化合作交流的大背景下,出版产业是增进文化契合的重要载体。中部地区民间文化多元纷呈、风格迥异。以河南为例,其地方戏曲发展十分繁荣,三大剧种(豫剧、曲剧、越调)以外还有其他二十多个剧种;在民间艺术层面,禹州钧瓷、开封官瓷、洛阳唐三彩等都是具有极高艺术价值、浓郁民族风情的艺术瑰宝。山西晋文化中的民俗博物馆、临汾平阳版画博物馆、孝义皮影博物馆等都是重要的民俗文化;安徽安庆黄梅戏和徽剧等,都是宝贵的民间艺术;湖南湘西少数民族(土家族、苗族、侗族、瑶族等)保留了大量的传统风俗,这些民俗文化都是丰厚的文化资源;江西傩文化、茶文化、民居文化、戏剧文化、民俗文化种类繁多,另外还有地区文化色彩极重的豫章文化、客家文化、庐陵文化、临川文化等。这些都是独具魅力的赣文化代表,属于出版资源重要的文化基础。

---

① 刘雪荣、兴文:《抢占产业发展战略制高点》,《政策》2013年第8期。

将这些具有特色的区域历史文化和民间文化资源作为出版内容创作和形式创新的根基与灵感来源,可作为区域出版的一项特色进行推广。

(二) 区域出版产业的个性化优势

地区经济的发展规模会对当地出版产业产生影响,虽然江西属于经济欠发达省份,但近年来,江西文化产业已经优先发展起来,尤其是江西出版集团发展迅速。中部地区和东部地区是经济发展不同层次的地区,但东部的江苏凤凰传媒出版集团和中部的江西出版集团都有其比较优势,各区域的经济发展、创新改革观念会促进当地出版产业的发展,因为文化产业最重要的内涵是思想、创新。江西与湖南同属中部地区,为经济欠发达省份,但是湖南的文化氛围比江西的文化氛围浓很多。湖南的文化底蕴首先是"敢为天下先",创新是这个时代的主题,创新也是湖南文化产业高速发展的重要因素。这些年来,湖南坚持用"创新"转变经济发展方式、用"创新"抢夺发展制高点,用创新文化产业来提升湖南经济发展的贡献率。湖南在地方电视台能做到全国第一,就说明湖南文化产业有其独特的个性,而出版产业作为文化产业的核心力量,也有其独特性。由此可见,发达的区域经济虽然有利于本地区出版产业的发展,但不能最终左右并决定其发展。

因此,区域经济与出版产业的关系,既有相互影响的关系,但出版产业又有其个性化优势。区域经济比较发达的地区对出版产业有促进作用,但出版产业自身还必须向创新性转型、发展,了解并占领市场。

三 区域出版产业的竞争劣势分析

区域出版产业的历史背景、完善中的社会主义市场经济体制以及区域经济发展不平衡等现实条件决定了区域出版产业的发展具有复杂性和独特性。由于区域出版产业集群发展,是通过技术升级、政策引导和经济发展为核心动力,这种社会空间要素的汇集,能够给出版产业带来新的发展空间。所以,本书主要研究出版产业区域环境各类要素影响出版发展的机制。

目前出版产业发展形势大好，但数字出版新兴业态对传统纸质出版的冲击，数字出版面临的问题如管理体制、版权、技术创新能力、盈利模式、人才缺乏等突出问题持续困扰着出版产业的稳健发展。

（一）数字技术冲击下传统出版产业面临的挑战

从出版产业由传统主营业务的纸质出版向现代主营业务的数字出版的转型可以看出，虽然传统纸质出版截至目前还能有较少盈利，而且很大程度上是靠教材教辅支撑的，却支撑不起出版集团的发展，还需要数字出版、互联网游戏、投融资等新业态业务为集团盈利[①]。

现代社会各个行业受到数字技术冲击巨大，特别是出版行业，其内容、介质、流程以及阅读方式，都发生彻底的改变，传统出版业信息的采编、排印与刊发方式都无法再满足现代社会需求，所以面临的挑战十分严峻。

现代社会中的大众阅读习惯，早已经随着网络与智能移动终端的普及而发生根本变化，原有纸媒为载体的传统出版物垄断地位不再，受众、市场、利润等都被大量挤占和分流，数字出版物在这个过程中呈现出强大的发展势头。2016年，各个媒介综合阅读率达到79.9%，而数字化阅读方式接触率超过68.2%，同比增加4.2%；成年国民手机阅读率为66.1%，同比增加6.1%；国民图书阅读率是58.8%，同比增加0.4%；未成年人图书阅读率为85.0%，同比增加3.9%。值得注意的是，国民听书悄然兴起，成为一种新的阅读方式，听书率达到17.0%，数字阅读与纸书阅读此长彼消。对于出版行业来说，公认核心价值是"内容为王"。在互联网时代数字出版产业的内容比拼，就是要看谁能掌握更多资源，谁能具有更强

---

① 杨海平、石蕊：《新常态下我国数字出版产业发展态势与路径选择——以江苏数字出版产业实践为例》，《出版发行研究》2016年第10期。

大的内容资源整合能力,这种类型的企业就能够对市场进行控制和主导。网络出版商、数字终端企业等,凭借其技术优势占领图书市场,将传统出版业结构完全打破,通过对资源、地区、经营的重新架构实现新的出版行业发展环境。《2012—2016年新闻出版产业分析报告》中,各个出版类型营业收入经过汇总,本书按照对狭义出版产业分类,数字出版、图书报纸期刊出版、音像电子出版等结构所占份额中,占比最低的就是音像电子出版物,图书报纸刊物出版比率一直呈现下降状态,而数字出版比率却是攀升状态。2012年,数字出版物营业收入总额首次超过传统书籍刊物,由此产生了新的出版产业结构。

数字出版平台能够汇集大量电子书资源,以当前国内格局来看,掌握电子图书市场份额的平台有:盛大文学、中文在线、方正阿帕比等。现阶段传统图书出版单位,也只能扮演一种资源补充角色,对未来出版市场已经失去绝对的控制权,传统出版业结构格局早已被打破。

数字出版平台的优势就在于,能够将互联网、传媒、教育、电信等资源实现跨行业融合,形成一种新的产业链延伸结构,产业融合现象让内容行业渐渐纳入服务业范畴。这是打破传统媒介边界的重要方式,也是联通更多文化产业资源的重要基础,将产业边界消弭的同时,甚至将地区与国家边界一同打破。比如,湖南出版投资控股集团、江苏凤凰出版集团、安徽出版集团等,都是国内知名度极高、口碑极好的大型出版集团,图书出版不再是各个集团的唯一重心,开始向着房地产、金融、债券等方向发展,这些业务突破传统单一行业边界。这种产业融合方式,推动出版行业由"内容为王"转向"资本为王"发展,将传统出版产业的生产方式、消费理念一并消解,颠覆传统出版产业业务流程的同时,重新构建产业经营模式和组织体系。

(二)数字出版面临的问题

由于传统出版与数字出版处于长期分离状态,运作模式极不协调，这导致数字出版原本能够对传统行业的变革产生正面影响的作用，受到转型限制，造成双方融合有效机制失效的状态，导致合作双方出版经营积极性受到重创，无法实现双边共赢的局面。具体表现如下：

第一，产业链结构不严谨，运作模式滞后。出版产业发展需要得到具有规模的完整产业链支持，但是数字出版发展过程中的内容支撑、人才配备等问题，都是造成产业链无法有效联通的原因。以合作模式来看，产业链上下游之间始终都是各自为政的运行状态，合作机制效果不足，竞争力不佳。涉及利益分配问题时，内容、技术、平台运营的供应商能够获得的收入分配成果不均衡。数字出版行业发展不成熟，利益分配中缺乏第三方监控，缺乏合理与透明的销售数据分配制度，同时无法构建成熟合作模式。

第二，传统出版行业数字化发展进程缓慢。在数字出版不断冲击下，传统出版业受到严峻挑战，虽然各个出版单位都认识到这种数字化发展途径的重要性，但是发展过程速度过慢，导致发展结果并不理想。经调查后得出，要实现传统出版业数字化转型，需要通过经营观念、产业链、商业模式、数字监管等方面的改善，去攻克当前的技术壁垒。这主要是因为传统出版业对人员业务能力提升重视程度加大，但是缺乏科学的技术研发能力。而且，数字出版行业人才管理模式尚不完善，不利于引进优秀人才，并造成严重的人才流失。再者，新媒体技术研发前期资金投入量很大，传统出版业因为库存和汇款速度慢等问题，导致资金流转速度有限，资金运作流量明显不足，这些问题都是数字化转型速度滞后的原因。

第三，数字出版产业链盈利模式透明度低。数字出版行业在国内还属于新兴产业，和发达国家相比发展水平差距明显，行业标准化程度较低，管理体制不够完善，对知识产权保护的系统建构能力不足，而且开发技术、内容资源等都存在错位情况，这些都是导致产业链盈利模式不明晰的环节。

第四，数字版权交易出现的版权价值评估复杂、版权保护困难、侵权取证困难、交易流程管理复杂等问题，阻碍了数字出版产业的发展。传统出版业经过多年的发展，构建了一套相对完善的版权评估政策，然而，针对数字版权来说，传统的评估模式与其并不兼容。和传统媒体版权进行对比，数字版权存在的特征是指回馈性、碎片性、及时性等，使原有的评估思路在解决相关问题的过程中表现出一定的缺陷。传统的版权价值评估方法目前面临的主要问题有价值评估存在评估定位偏差、评估参数的选取随意、缺乏统一的评估标准、评估方法落后于评估现实、评估管理不规范、评估队伍素质有待提高6大问题，这些因素一起制约了数字版权交易的发展。

四 区域出版产业发展的内外部机遇分析

（一）增强国家文化软实力，上升为国家战略

我国综合国力与国际影响力经历了由弱到强的变化，经过近四十多年改革开放的发展，我国东部、中部出版产业的发展都相继获得较多的外部条件和资源的支持。通过国家统计局报告内容显示，我国GDP总量当前为全球第四，排在美国、日本、德国之后，在2016年达到人均8125美元的成绩。根据世界银行划分标准，我国已经上升到中等偏上收入国家行列，国家财政实力呈现不断增加的趋势。区域经济发展速度持续加快，居民生活水平提高幅度很大，精神文化需求增长速度随之加快，社会消费结构变化巨大，人民群众的文化消费逐渐进入旺盛期，文化出版产业迎来了前所未有的机遇。

政府的高度重视为区域出版产业的发展提供了有力的保障。政府给予出版业大力支持，出台了一系列的扶持政策，2012年，党的十八大报告提出，要推动文化产业快速发展，到2020年全面建成小康社会，文化产业成为国民支柱性产业。这为作为文化产业主力军的出版产业的发展提供了有利的宏观政策环境，进一步推动出版业的发展[①]。目前，出版业的财政支出扶持项目有文化产业发展专项

[①] 黄世艳：《试论如何加快湖城文化产业发展》，《现代交际》2013年第6期。

资金、国家出版基金、民族文字出版专项基金以及财政支持出版业"走出去"。

19世纪，德国统计学家恩格尔提出一种说法，在消费结构变化规律中，家庭收入越少，那么其用于购买食物的支出占比就越高；反之，家庭收入总量越大，那么用于购买食物支出比例自然会下降。根据这个规律来看，国家财富汇聚量越少，那么国民平均收入中用于食物购买支出的占比就越高；而国家财富汇聚量越多，这种支出占比也就越低。根据恩格尔理论：文化出版产业是经济的"晴雨表"，文化出版产业的比重上升，说明国民收入、富裕程度提高。文化产业的发展必须以经济发展作为前提条件。我国人民生活水平一直在提高，恩格尔系数下降趋势越发明显，城市化进程速度不断加快，人们对精神文化方面的需求量也在增加，这些都是带动出版产业发展的重要前提。这表示出版产业与经济发展之间存在相互促进的关系，出版业发展良好能够促进综合国力提高，第三产业的发展水平已成为衡量现代各个国家社会经济发达程度的重要标志[①]。所以，我国综合国力提高，是实现区域出版产业具有更广阔发展前景的重要保障。

(二) 全媒体背景下，出版产业融合发展日益增强

随着计算机和信息技术的迅速发展，产业融合正成为世界经济发展的趋势之一。产业融合是指在信息技术的推动下，经济领域内出现了为适应产业增长而发生的原有产业边界逐渐模糊，甚至消失，而新的产业形态也就在此过程中产生。以产业角度来说，出版融合指的就是出版业与其他产业的融合，包括信息技术、现代金融、服务业等。

媒介是产业融合发生比较早的领域，也是其突出表现形式之一。20世纪八九十年代以来，传统书报刊与各类电子媒介的融合程度越发加深，产业边界模糊性越发明显，产业间融合交叉的现象日益普

---

① 周蔚华：《出版产业研究》，中国人民大学出版社2005年版。

遍。一系列与出版产业息息相关的融合、渗透、重组现象表明，产业融合已成为出版业发展进程中的一个重要现象和趋势①。一方面，对产业融合现象予以关注，并采取有效措施因势利导，已成为出版业加快发展和优化升级的战略选择；另一方面，产业融合的新变化让产业结构、组织、政策等都受到严峻挑战。

全球化、全媒体背景下，经济与文化出版相互促进，出版产业的各个领域与空间都开始呈现放射性状态，向着开放模式发展。

五 区域出版产业发展面临的外部威胁分析

（一）来自西方发达国家的文化冲击，缺乏国际竞争经验

在加入WTO之后，我国承诺文化市场完全开放，具有国际优势地位的文化产品必然会对我国文化产品造成冲击。最近几年，外国文化资本对我国出版市场的渗透明显，越来越多元化的价值观、文化观让消费者的文化认同产生新的变化。据统计，目前世界九大传媒集团控制了全球50家传媒公司和95%的传媒市场。与西方高度发展的传媒产业相比，区域传媒产业相对落后。对于外国出版产品来说，只要在出版市场上占据一定份额，就会探索与中国本土文化资源融合的可能性。国际出版资本在我国市场区域出版行业的发展中，能够以本地化生产模式将资源整合，形成就地生产、销售的方式，这是现代跨国出版企业重要的商业模式。而区域跨国传媒集团建设方面，和已经成熟的发达国家市场相比尚有很大差距。

区域出版产业受到较多因素影响，在国际贸易中比重并不大，而且各地生产的媒介产品的国际市场竞争力不足，这些都是导致市场份额占比较低的原因。2016年，图书、期刊、报纸、影像制品等出口数量和金额都远低于进口数量和金额出现严重的贸易逆差。

（二）商业模式单一，抵御风险能力差

区域出版产业经营的缺陷在于商业模式单一。因此，当代出版

---

① 赖政兵、廖进球：《产业融合背景下我国出版产业发展战略的思考》，《中国出版》2011年第5期。

行业发展应该进一步拓展盈利空间，改善靠出版教材教辅支撑传统图书出版、期刊报纸主要靠广告赢利的情况。2015 年，传媒市场展开革命性变化，互联网媒体广告收入超越传统媒体（电视、报纸、广告、杂志）总和。以市场规模来看，互联网媒体将成为行业真正主导，传统媒体的发展空间越发被压缩。从这个角度可以看出，传统出版机构盈利弱点就在于单点支撑的情况，这种模式存在严重的潜在风险，如果支撑点出现差错，传统出版单位会面临更大的压力和市场风险。另外，虽然数字出版赢利模式多元化，但是商业模式的成熟与否对数字出版企业兴衰有着直接的影响，如果不能成功构建多元化商业模式，长期盈利目的是不可能达成的。

（三）日益增强的个性化需求对出版产业提出新的要求

由于地理环境、社会环境、教育程度、心理素质、购买动机以及职业、性别等众多因素的影响，消费者对出版产品的需求更多地呈现出一种异质性、多样化的特点，出版产业面对的是一个充满个性化需求的庞大的消费群，出版企业若想获得好的发展，就必须针对顾客的个性化需求提供特色化产品和服务。

六　对我国区域出版产业竞争力的战略矩阵

对区域出版产业竞争力的 SWOT 分析，见表 3-4。

表 3-4　我国区域出版产业发展的 SWOT 分析矩阵

战略选择	优势（Strength） 1. 资源禀赋和区位优势 2. 个性化优势	劣势（Weakness） 1. 数字技术冲击下传统出版产业面临的挑战 2. 数字出版的困境
机会（Opportunity） 1. 增强国家文化软实力上升为国家战略 2. 全媒体背景下，出版产业融合发展日益增强	SO 战略（发挥优势，利用机会） 1. 以区位优势带动高科技出版行业发展 2. 利用资本优势，形成产业集聚 3. 利用资源优势，开拓出版品牌路径	WO 战略（利用机会，弥补劣势） 1. 东部产业能力和中部资源潜力相结合 2. 利用中部崛起时机，优化升级产业结构，整合资源

续表

威胁与挑战（Threat and Challeage） 1. 来自西方发达国家的文化冲击，缺乏国际竞争经验 2. 商业模式单一，抵御风险能力差 3. 日益增强的个性化需求对出版产业提出新的要求	ST战略（利用优势，减轻威胁） 1. 以资本优势推动出版产业链完善与优化，带动区域产业效率提高 2. 利用资源优势和国家中部崛起战略，提高中部出版企业的管理水平	WT战略（减少劣势，回避威胁） 1. 尽快建立创新机制，由传统出版向全媒体出版过渡 2. 引进数字出版产业人才，提高出版产业管理水平 3. 科学合理开发资源，健全市场机制，提高出版产业规模效率

第五节　本章小结

当前区域全媒体出版产业发展已具备初步的战略构想，但各区域仍处于摸索期和不断完善的阶段。本章阐释了区域出版产业现状并深刻反思传统出版与数字出版存在的问题，指出当前区域出版产业及企业在商业模式不够成熟、媒介融合进展缓慢、转型升级面临困难、专业人才匮乏等方面的各种缺陷，因此，本章是对区域出版产业现状进行分析的一章，也为后续章节的区域出版产业竞争力评价的模型创建和实证分析提供铺垫和研究方向。

首先，对区域出版产业概况进行描述性分析，对出版产业规模的扩大、数字出版的迅速发展以及产业的区域性不平衡特征、出版产业集团化改革历程、传统出版产业结构的调整和转型进行描述性分析。

其次，围绕产业基本概况、产业环境（含政治、经济、社会、技术环境）、体制格局、产业结构、企业现状这五大主线系统分析了当前区域出版产业业态媒体多元化、出版集团同质化、跨界经营常态化、加速移动化、传统出版边缘化的发展格局和问题，指出了区域出版企业的管理体制存在政企不分、职责不明、数字化转型困难，赢利模式不清晰的弊端，以及出版产业的战略目标、市场竞争状况和地区分布均存在不同程度的缺陷。

最后，从发展不平衡性、经营多元化等产业特征以及经济发展水平、文化差异、消费者个性化行为等影响因素展开分析，并用SWOT分析法进一步分析了区域出版产业发展上具有的资源禀赋和区位优势、数字技术冲击下传统出版的劣势处境与数字出版面临的"瓶颈"，以及面临出版商业模式单一与西方发达国家的文化冲击、用户个性化多元化的需求等方面的威胁，充分利用将增强文化软实力上升为国家战略的机遇。梳理归纳为：由于数字技术的发展导致出版产业结构的调整，传统出版在大数据时代只能依靠教材教辅支撑，而出版集团只能完全依靠新媒体新业态为集团盈利；数字出版产业存在运作模式不成熟、产业链上下游未能形成良好的合作机制、盈利模式不够清晰、技术壁垒、法律规范、资金不足以及人才流失等问题，并列出相应的分析矩阵。

第四章 区域出版产业竞争力分析与评价模型构建

第一节 区域出版产业竞争力评价技术路径

一 研究对象选择原则

（一）资料数据的可比性原则

竞争主体之间的比较，不仅仅是研究结果的分析比较，更重要的是要注意在研究开始时，两组或两组以上的基本数据之间是否有可比性[①]。在研究中一定要对得到的数据做进一步的分析，确保资料的准确，这样研究结果才有意义，才有说服力。区域出版产业竞争力具有比较性，是一种比较而言的相对概念，任何脱离了两个或两个以上竞争主体或者测评时点的竞争力孤立测评值都是没有实际意义的。所以在展开评价的整个过程中应始终将区域出版产业竞争力这一评价客体置于相对而言的比较环境之中。即对一个地区的出版产业竞争力的测度一方面必须能在一定范围内与其他国家或地区

---

① 天路客：《对照研究中一定要注意研究组间基线资料的可比性》，http://blog.sina.com.cn/s/blog_4b44e2b10102dya1.html，2012年9月13日。

的出版产业竞争力状况展开横向比较,另一方面必须能在纵向维度上将其与自身过去的竞争力变化情况进行历时性比较[①]。

(二)全面性原则

区域出版产业竞争力的构成要素复杂多样,呈现出一定的多样性,既包括微观企业系统的财务竞争力、中观产业系统的基础竞争力、宏观环境系统的全媒体竞争力,它们彼此相互作用,共同形成区域出版产业竞争力的合力。在展开区域出版产业竞争力评价时,应兼顾并强调这些作用力及其彼此之间的关联性,力求从不同方位和层次全面、立体、动态地反映和衡量区域出版产业竞争力,以尽可能确保整个评价的可信性、全面性。

(三)目的性原则

全媒体区域出版产业竞争力评价的目标明确,首先在于衡量不同地区出版产业的竞争力状况,其次在于深入剖析在全媒体的视域下各区域出版产业的优劣势,进而有针对性地提出相应提升策略,以期达到提升区域出版产业竞争力的最高预期目标。这就要求整个评价必须始终围绕这一系统目标展开,尽可能全面、科学地分析全媒体出版产业竞争力的构成要素,并进一步细化各大要素的影响因素,构建合理、可行的评价指标体系,尽可能保障依此所提出的区域出版产业竞争力发展提升路径切实有效。

二 出版产业研究对象的选择

明确评价目标是实施评价的首要前提,是确定评价方法以及评价指标体系的基础。结合特定时间内区域出版产业竞争力的现实状况及排名,围绕不同的指标对比区域间的差距,重点评价区域出版产业竞争优势的强弱以及近五年来的变动趋势。这是展开区域出版产业竞争力评价的最终目标,也是整个评价活动的基本落脚点所在。因为区域出版产业竞争力评价并不是简单地为了选优排序而展

---

① 田常清:《出版产业国际竞争力评价理论与实证研究》,博士学位论文,武汉大学,2014年。

开的评价，而是在于寻找差距，寻找自身的历时性变化，挖掘隐藏在这种差距与变化背后的问题，并且研究视角要围绕着全媒体进行展开。实现该目标的重点在于以测评结果为依据，全方位、多层次地展开区域出版产业竞争力的差距对比与历时性提升演变分析。

据中商产业研究院大数据库数据显示，A股新闻和出版业2017年三季报披露公司共25家，实现盈利23家，亏损2家，总营业收入777.27亿元，总营业利润105.37亿元，其中营业收入前三位分别为中文传媒（600373）89.91亿元、凤凰传媒（601928）73.65亿元、中南传媒（601098）69.57亿元，营业利润前三位分别为浙数文化（600633）16.13亿元、中南传媒（601098）12.79亿元、中文传媒（600373）11.50亿元。整体来看，主营业务收入超十亿元的企业有13家，其中中文传媒前三季度营收排名第一。如表4-1所示。

表4-1　2017年三季报A股新闻和出版业按营业收入排行前15位

排序	证券代码	证券名称	营业收入（亿元）	营业利润（亿元）	毛利率（%）	净利润（亿元）
1	600373.SH	中文传媒	89.91	11.50	38.10	11.02
2	601928.SH	凤凰传媒	73.65	8.28	38.15	9.01
3	601098.SH	中南传媒	69.57	12.79	43.20	12.33
4	600757.SH	长江传媒	67.01	5.07	17.88	5.28
5	601801.SH	皖新传媒	64.37	6.52	19.99	10.46
6	601019.SH	山东出版	62.92	9.51	35.41	9.60
7	000719.SZ	大地传媒	55.72	4.17	29.19	4.70
8	601811.SH	新华文轩	50.13	6.83	34.58	6.65
9	600551.SH	时代出版	48.85	2.39	11.20	2.37
10	601900.SH	南方传媒	38.72	4.78	30.98	4.77
11	601949.SH	中国出版	27.84	1.52	31.68	1.41
12	000793.SZ	华闻传媒	22.46	5.82	40.38	4.67
13	601999.SH	出版传媒	15.32	0.92	21.47	1.09
14	600229.SH	城市传媒	13.56	1.83	37.03	1.86
15	601858.SH	中国科传	12.79	1.35	27.99	1.41

资料来源：前瞻眼。

随着媒体融合时代的到来，不断提升竞争力已成为出版企业生存和发展的必然要求。由于各大出版集团的出版业务都归于旗下的出版上市公司，依据相对性原则，为了更好地分析江西出版产业竞争力，本书以全国出版产业位于第一方阵的江苏凤凰传媒和湖南中南传媒来和江西中文传媒作比对，选取凤凰传媒、中文传媒以及中南传媒三家出版 A 股上市公司作为研究对象，借助上市公司年度报告的公开数据，以 2012—2016 年为研究期间，构建企业竞争力指标体系，重点从盈利能力、发展潜力、运营状况、偿债能力四个方面的财务指标对这三家出版企业的经营表现进行评价和分析。

第二节　区域出版产业主要业务及经营模式

一　凤凰传媒主要业务及经营模式

凤凰传媒的主营业务包括图书、报刊、电子出版物、音像制品的编辑出版、印刷、发行等业务。其在保持原有的传统优势的基础上，对教育、影视、娱乐、游戏、云计算、大数据等业务进行了拓展，逐步形成新旧媒体相融合的新局面，打造了编印发一体化的产业链和多媒体、多业态的文化产业生态圈，实现了各板块之间资源共享，业务协同，从而有效降低成本，提高整体效率，使内容、渠道、技术等优质资源价值达到最大化（见表 4 - 2）。

表 4 - 2　　　　凤凰传媒 2016 年主营业务分行业情况

分行业	营业收入（元）	营业成本（元）	毛利率（％）	营业收入比上年增减（％）
出版业务	3547233604.05	2353935890.33	33.64	3.36
发行业务	7275482267.01	5009615053.28	31.14	6.41
印刷业务	331586486.22	284616092.80	14.17	0.37
游戏业务	92832451.68	30185091.23	67.48	-13.49

续表

分行业	营业收入（元）	营业成本（元）	毛利率（%）	营业收入比上年增减（%）
影视业务	251340131.55	160186366.75	36.27	19.84
软件业务	104460353.22	48946692.03	53.14	-18.80
数据业务	203172140.63	63973102.23	68.51	7.65
其他业务	335782616.03	216128947.48	35.63	-7.63

资料来源：《凤凰传媒年报（2016）》。

凤凰传媒主要业务包括出版、发行、印刷、游戏、影视、软件和数据业务，其中主要以出版和发行业务为主。在出版业务方面，凤凰传媒下属有9家出版单位，主要包括教材、教辅、一般图书、电子出版物、音像制品的编辑出版，各单位根据各自的出版专业定位，策划组织选题并组稿，按专业出版流程完成图书出版工作，并通过相关渠道面向市场进行销售。其中，人民出版社等5家出版社共有24种中小学教材经教育部审定成为国家基础教育课程标准教材在全国推广使用。在发行业务方面，主要包括教材教辅发行和一般图书发行业务、教学装备销售、物流配送、文化商业地产运营等业务。凤凰传媒作为江苏、海南两省唯一具备教材发行资质的单位，承担着两省各地各校教辅材料的发行工作。同时，通过实体书店连锁经营、电子商务、团供直销、流动供应等方式开展一般图书发行业务。其他一些业务如印刷业务主要从事教材、教辅、一般图书、票据、包装品的印刷，积极向以按需出版、个性定制、自出版为主的数码印刷转型；影视业务通过主投与参投相结合的方式，从事电视剧、电影的制作、发行、艺人经纪及相关服务；数据业务依托优质的数据中心资源，高品质、大容量宽带资源，以机房（机架）租赁、带宽运营、云服务为主要业务，面向政府和企事业客户提供安全、按需使用的IT服务等。

二 中文传媒主要业务及经营模式

中文传媒的主营业务可分为传统上的出版业务和新媒体数字业

务,传统出版方面的如印刷发行、图书编辑出版、报刊传媒、物资供应等业务;新媒体数字业务包括:新媒体和在线教育、互联网游戏、数字出版、影视剧生产、艺术品经营、文化综合体和投融资等新业态业务。2016年,中文传媒在"创新驱动,融合发展"方面效果显著,加强作为其核心业务的出版发行业务的市场竞争力,新兴科技业态持续升温(如智明星通),不断推进资本的创新从而有效地对接资本市场。同时,自身的主业结构逐步趋于合理化,整体盈利能力稳步提升,经营质量不断优化,国际化进程继续加速,尤其是物联网和在线教育等新兴业务稳步前行,呈现出版业务结构转型升级、稳步发展的新局面(见表4-3)。

表4-3　　　　中文传媒2016年主营业务分行业情况

分行业	营业收入（元）	营业成本（元）	毛利率（%）	营业收入比上年增减（%）
出版业务	2515556701.22	1951544615.37	22.42	9.68
发行业务	3546919085.50	2258775116.40	36.32	7.95
物流业务	442832550.15	375671469.12	15.17	23.53
印刷包装	608744523.64	513383879.23	15.67	-17.74
物资贸易	2230500323.46	2185217060.68	2.03	-25.88
新型业态	4849810808.79	1976193891.76	59.25	44.98
其他	580627040.18	500248885.02	13.84	17.21

资料来源:《中文传媒年报(2016)》。

2016年中文传媒的营业收入达到147.77亿元,同比增长10.12%;其中,12.95亿元为上市公司股东净利润,同比增长22.44%;净资产收益率12.51%,各项经营指标持续稳步增长,经营质量不断提升,实现了"十三五"开门红。

三　中南传媒主要业务及经营模式

中南传媒公司的业务涵盖出版、发行、印刷及印刷物资供应、媒体、数字教育、金融等领域(见表4-4)。出版物作为中南传媒的主要产品，其用途是为消费者提供知识、信息，满足消费者的精神文化需求。主要的业务包括以下五个方面。

表4-4　　　　中南传媒2016年主营业务分行业情况

分行业	营业收入（元）	营业成本（元）	毛利率（%）	营业收入比上年增减（%）
出版	2758974524.54	1998255259.30	27.57	8.28
发行	8417199264.68	5400390521.63	35.84	10.87
物资	907110302.85	870480001.50	4.04	11.97
印刷	943384985.32	838203210.83	11.15	-3.37
报媒	528801260.07	384677037.43	27.25	-6.17
数字出版	537549421.40	381563258.52	29.02	35.37
金融服务	284595469.52	133969501.75	52.93	-3.88

资料来源：《中南传媒年报（2016）》。

（1）出版业务主要包括两种：一是本版图书（含教材教辅）出版，由中南传媒组织编写的、拥有专有出版权的图书（含教材）的出版；二是外版教材"租型"，由中南传媒与教材原出版单位以协议方式获得重印权、代印权，负责外版教材在湖南省的宣传推广、印制、发行和售后服务等工作。

（2）发行业务主要是发行单位向相关出版社采购图书或向生产厂家采购文化用品并销售，其中，教材教辅主要由湖南省新华书店和新教材公司通过政府采购、直供、代印和向其他出版社提供"型版"等方式销售；一般图书主要通过批发、零售进行销售，中南传媒对于省内的销售模式为连锁经营，对省外主要通过经销商销售。

（3）印刷业务是根据客户需求，由本公司提供纸张或客户自己采购纸张，按客户订单生产（如教材教辅、报纸、期刊、一般印刷物、防伪标签等），并按照合同直接向客户销售；印刷物资供应业务将教材用纸或社会用纸等印刷物资通过招标方式采购或从市场采购，并按照合同直接向客户销售。

（4）媒体业务主要包括以下五种：一是中南传媒作为报业经营业务主体，媒体通过合同形式获得潇湘晨报除采编业务外的经营性业务的经营权，包括报纸发行和广告等；二是通过向长沙市轨道交通集团有限公司支付经营权费用，获得长沙地铁线路、磁浮线路相关广告资源的经营权从而获取广告收入；三是全资拥有快乐老人报，获得该报所有收入并介入老年旅游等相关产业经营；四是红网等新媒体业务，通过中南传媒下属的红网网站及移动端提供内容服务获取点击率，从而打造品牌，引导读者订阅无线增值产品等产品与服务，并吸引客户投放广告；五是通过媒介品牌影响力，开展长沙车展、教育博览会等线下经营活动。

（5）数字教育通过研发聚合精准丰富的数字化内容，实施软硬件系统集成，形成以大数据为中心，由智慧教育云、智慧校园、智慧课堂、智慧沟通组成的教育信息化整体解决方案，销售给单个学校与区域教育行政部门。

第三节　区域出版产业核心竞争力分析

一　凤凰传媒核心竞争力分析

凤凰传媒作为我国出版产业的龙头企业，在品牌影响、规模实力、发行渠道、内容资源、运营机制、人才优势等各方面都具有明显优势，同时在新媒体互联网转型、境内外并购重组、文化消费综合体建设等领域处在国内领先地位。其核心竞争力的优势主要体现在以下几个方面。

（一）品牌优势

凤凰传媒拥有 6 家国家一级出版社，仅次于中国出版集团位居全国第二。根据国家新闻出版广电总局数据（最新数据统计到 2015 年），凤凰传媒进入全国图书出版总体经济规模排名前 100 位的出版社分别是：江苏凤凰教育出版社有限公司（第 7 位）、江苏译林出版社有限公司（第35位）、江苏凤凰科学技术出版社有限公司（第72位）；苏教社列地方图书出版单位总体经济规模综合评价第1名，江苏译林出版社有限公司连续7年列文艺类图书出版社总体经济规模综合排名第1名。

（二）内容优势

凤凰传媒的教育产品优势突出。其中，凤凰版课标教材总数达24种，品种数量和市场占有率居全国第2位，做到了基础教育语文、数学、外语三门主课的全品种、全年级覆盖，凤凰版教材覆盖全国28个省（直辖市、自治区），超过4000万学生使用。同时，凤凰传媒一般图书市场占有率持续保持行业前列。根据北京开卷信息技术有限公司的权威统计，2016年凤凰传媒在开卷整体图书零售市场的码洋占有率为3.33%，排名全国同行第3位；其中在实体店渠道排名第2位，在网店渠道列第4位。在文学、传记、生活、教辅等类别图书市场中的表现较为突出，其中生活类图书两个渠道均排名首位，传记市场均排名第2位，文学类和医学类均进入前3名。具体情况见表4-5。

表4-5 凤凰传媒2016年教育产品经营概况

业务	教育产品	销售量（万册）	增长率（%）	销售码洋（万元）	增长率（%）	毛利率（%）	增长率（%）
出版业务	自编教材教辅	30218.07	-3.94	299322.24	-4.24	28.57	0.72
	租型教材教辅	759.46	-10.10	3547.08	-1.48	26.20	1.46
	一般图书	7762.20	3.63	247631.69	3.92	36.83	-1.15
发行业务	教材教辅	50830.45	8.40	495541.15	8.50	35.95	3.84
	一般图书	9709.52	5.78	271670.88	5.79	29.36	-3.15

资料来源：《凤凰传媒年报（2016）》。

（三）渠道优势

凤凰传媒的发行板块连续多年销售码洋超百亿，其销售总量、利润、资产等主要经济指标连续 25 年居全国同行前列，政治理论读物发行量保持全国领先，且构建了"大中小特"相结合的发行体系，主要书城均已完成升级改造，成为集阅读、体验于一体的新文化消费中心，大书城、中心门店、专业书店、特色书店、小微书店和 24 小时书店有序分布在江苏、海南两省，网点数量和规模居全国之首。目前，凤凰传媒共有各类网点 1016 个，其中自有网点 629 个，网点总建筑面积 87.88 万平方米，其中自有网点建筑面积 80.96 万平方米，体现了其较为明显的渠道优势。

（四）智慧教育领先优势

传统教育出版商向教育综合运营商转变已经成为凤凰传媒的核心战略之一。近年来，凤凰传媒通过围绕数字内容、网络平台、软件技术、数据管理等几个重点板块积极布局智慧教育业务，打造了较为完整体系、结构合理的智慧教育产业链[①]。2016 年，凤凰传媒与省教育厅就智慧教育建立战略合作关系，通过在教学资源、应用服务体系、大数据服务、装备服务四个方面的合作推动教育信息化。

（五）转型布局全面优势

凤凰传媒的传统业务不断地向云计算、影视剧、文化消费综合体、数字印刷等新兴产业转型升级，文化产业生态圈的雏形逐步形成。其云计算数据中心入选"国家首批绿色数据中心试点单位"。目前正在加快推进数据中心二期工程、分中心等项目的落地；同时，影视板块已步入良性发展轨道，电视剧业务传统优势继续巩固，不断推出市场口碑俱佳的作品运营模式进一步清晰，业态定位更加精准，战略合作伙伴的规模和质量明显提升；成功引进亚洲第一条 POD 单色数字印刷连线系统，对江苏、上海和北京等 50 多家出版单位提供按需印刷服务。

---

① 华宇虹、吴宇飞：《媒体融合背景下我国出版传媒企业竞争优势的维系与重塑路径研究》，《科技与出版》2017 年第 11 期。

二 中文传媒核心竞争力分析

中文传媒作为中国文化产业领军品牌和江西文化产业的领跑者、整合者,具有强大的环境优势、平台优势、融资优势、资源优势、渠道优势和国际化优势等,在主业建设、新媒体战略布局、文化产品"走出去"等方面均走在全国同业的前列,其媒介的多样性、产业的完整性、产品的丰富性及国际化水平在全国同行业处于领先地位。近年来,营业收入、总资产、净利润等主要经营指标均跻身全国出版传媒类上市公司前三甲,成为市值稳居全国出版传媒类上市公司的"三驾马车"之一。各出版社总体经济规模综合评价排名连续进位,其中二十一世纪出版社集团在地方少儿类出版社排名第1位;江西美术出版社在全国32家美术类图书出版单位中排名第2位;其他各家出版社均位于同类出版社前列。

(一)环境优势

在地理位置上,中文传媒位于国家"一带一路"、长江经济带、长江中游城市群等战略经济中心位置。"十三五"时期,江西将有序、深入推进国有文化企业改革。2016年6月,江西省政府办公厅印发了《关于打造国有企业改革"江西样板"的实施意见》(赣府厅发〔2016〕32号)指出,将立足江西实际,在发展混合所有制经济、推进市场化战略重组、完善国资监管体制和实现国有资产集中统一监管四个方面打造国有企业改革"江西样板"。中文传媒可充分利用"江西样板"政策优势,在文化国企混合所有制改革进程中打造文化国企改革的"江西样板"。

(二)平台优势

凤凰传媒按照"重构商业模式,打通价值链条,形成经营平台"的经营思路平台化战略初见成效。如:二十一世纪出版社集团大力推进儿童阅读推广云平台建设,着力打造"内容的众筹平台、阅读的教育平台、社区阅读的分享平台"。发行集团着力构建"城市文化综合服务平台、出版发行行业物联网平台、'新华壹品'校园综合服务平台、新华云智慧教育平台、O2O新商业模式交易平台、智慧物流配送平台"六大平台。此外,"书香赣鄱"全民数字阅读平台、CNONIX 国家标准应用平台等也在有序推进中。

（三）信用优势

中文传媒在业内最早提出全面征信建设,积极构建信用生态体系。迄今为止,中文传媒是同业上市公司中第一个也是唯一一家获得外部 AAA 主体信用评级的企业,还是首家提出开展国际评级、打造全球信用体系的企业。同时,在银行、供应商、客户等外部单位的信用等级也在不断提升。信用体系的完善,为中文传媒投融资平台的建立和创新打下了坚实的诚信基础。目前,具有商业银行、政策性银行和外资银行的融资渠道,逐步形成与保险、基金、信托等非银行金融机构以及相关领域核心企业的创新合作,形成全畅通、无边界的融资渠道,逐步构建多元融资格局。

（四）内容优势

中文传媒旗下具有 9 家出版社、25 种报刊,聚集了大量优质 IP 资源,其中二十一世纪出版社集团凭借其充分市场化经营,具备较强的竞争力和影响力,在国内青少年文学出版领域占据着绝对领先地位;江西晨报通过新闻立报和媒体创新,在省内具有强大的舆论影响力和公信力,形成了具有一定吸引力的特色期刊。

（五）渠道优势

江西新华发行集团致力于成为"中国书业融合发展的领跑者",旗下近百家县市新华书店在全省具有强大的渠道控制力和品牌聚合力。全新改造的南昌、九江、新余等地文化综合体,努力实施"卖场效益倍增计划",聚合了图书销售、文化餐饮、电影院线、培训及在线教育、新媒体业务等多元业态,成为"一站式"文化综合服务平台,其图书销售渠道如表 4-6 所示。

中文传媒依托全省 14 万平方米的卖场建立覆盖全省的销售和物流网络,加快新华书店 O2O 改造,构建线上线下的发行网络和渠道;通过布局"新华壹品"校园综合服务平台,将销售渠道进一步下沉,同时加快全省重点设区市的出版物流港建设进度,打通"最后

表4-6　　　中文传媒 2016 年图书销售网点相关情况

项目	市（个）	县（个）	县以下（个）	小计（个）
自有产权	14	89	1	104
租赁物业	111	308	29	448
联营网点	2	4	0	6
合计	127	401	30	558
补充资料	零售网点的营业面积在 100 平方米以下			213
	零售网点的营业面积在 100—500 平方米			305
	零售网点的营业面积在 500—1000 平方米			30
	零售网点的营业面积在 1000 平方米以上			10

资料来源：《中文传媒年报（2016）》。

一公里"物流网络。智明星通成为海外运营最强的中国游戏研运公司，具有强大的研发优势并拥有完善的游戏海外发行渠道（337.com 等游戏平台），通过其自身研发的行云国际翻译平台进行全球化运营，业务遍布全球 60 余个国家和地区，90% 以上收入来自海外，研运一体竞争优势明显。

（六）国际市场优势

中文传媒 2016 年出口文化产品位列全国同行业第一。旗下智明星通多年来一直专注于国际化运营并全面参与全球竞争，入选 APP Annie 2016 年全球 52 大发行商排行榜，第 15 位。尤其是在 App Annie 2017 年 3 月公布的中国海外全球收入十大公司榜单中，智明星通力压各路劲旅，名列榜首。

三　中南传媒核心竞争力分析

（一）介质优势

中南传媒的经营业务涵盖了包括图书、报纸、期刊、音像、网络、动漫、电视、手机媒体等多种媒介，打造了集编辑、印制、发行、物资供应、物流等多环节于一体的完整产业链，逐步形成新媒体战略的布局，凸显了其"多介质、全流程、立体化"的完整产业发展体系。

(二) 品牌优势

在主营业务上中南传媒逐渐从由图书产品制造商转变为传媒品牌创造商,打造了科普、原创文学、古典名著、音乐、新课标教材等品牌集群;如中南博集是畅销书领域的龙头企业;《潇湘晨报》经营业务持续领跑湖南媒体市场。以《快乐老人报》为核心的老龄媒介产品已成为国内最具影响力的老龄媒介集群(报刊情况见表4-7)。

表4-7　　　　　　　　中南传媒2016年主要报刊情况

主要报刊名称	报刊类别	主要发行区域	营业收入(万元)	发行量(万份)	
				订阅	零售
《潇湘晨报》	都市类报纸	湖南	1310.20	15.5	1.2
《快乐老人报》	老年类报纸	全国	1093.71	162.15	0.6
《中学生百科》	青少年期刊	全国	697.41	27	0.8

资料来源:《中南传媒年报(2016)》。

(三) 市场优势

中南传媒作为中国文化出口重点企业,大批文化产品版权及实物输出到国际市场。其主要产品市场占有率位居同行业前列,拥有自主知识产权的湘版教材覆盖湖南、湖北、广东、广西、台湾、澳门等地区,《历史》教材输出到韩国,《美术》教材输出到美国。

(四) 规模优势

中南传媒作为具有比较有利的规模优势新型媒体集团,公司主营业务收入、利润规模位居同行业前列,旗下设有湖南出版投资控股集团财务有限公司与泊富基金管理有限公司,能更好地服务实体产业,提升资金收益水平,推进公司产融结合、财团式发展战略的顺利实施。

第四节 区域出版产业竞争力评价指标体系建立

一 竞争力内涵及构成要素

对于企业竞争力的构成要素,有学者认为企业竞争力由三个方面组成,分别是目前已有的竞争力水平、维持当前竞争力水平的能力、提高自身竞争能力水平的能力,这三个方面分别代表了企业的静态能力、维持能力和发展能力[1]。相类似,张志强[2]等也认为企业竞争力是企业在市场环境中所表现出来的自身能力和发展能力之和,其竞争力的组成也有三个方面:一是企业本身所拥有的核心竞争力,即企业在市场环境下的存活能力;二是企业未挖掘、未来可能存在的竞争潜力;三是企业将竞争潜力转化为现实竞争优势的能力。

若从投入产出的视角分析企业的生产过程,可将其分为外部资源的获取和内部资源的转化,通过上述两个过程评估企业的竞争力,可将企业竞争力分为资源的获取能力和资源转化能力两个方面[3]。还有持类似观点的学者认为企业的竞争力是企业在市场环境下为了能够存活下去在自身发展水平上不断加强巩固的本能,主要表现为企业市场占有率的争夺和企业涉足领域的不断扩大等方面[4]。同样,韩中和从企业内部资源的角度考虑,认为企业竞争力是企业通过合理地利用内部资源为市场提供所需的产品和服务,并在同对手竞争的过程中形成自身的竞争优势[5]。从评价的角度来看,把企

---

[1] 藤本隆宏:《生产系统的进化论》,北京经济日报出版社1997年版。
[2] 张志强、吴健中:《企业竞争力及其评价》,《管理现代化》1999年第1期。
[3] 赵文清等:《企业核心竞争力内涵研究评述》,《技术经济》2005年第3期。
[4] 范晓屏:《企业竞争力多相测度指标体系的构造》,《中国工业经济》1997年第5期。
[5] 韩中和:《企业竞争力——理论与案例分析》,上海复旦大学出版社2000年版。

业看作一个整体，通过企业从外部获取资源（人财物）的能力和企业将外部资源转化成自身产出（自身利润和社会效益）的能力两个方面来评价企业竞争力水平的高低[①]。对于出版企业的竞争力评价，其竞争力评价指标体系应当在较大程度上能够反映企业当前的运营状况以及企业未来的发展潜力等。这两个维度充分体现了出版企业的核心竞争力，即企业在当前市场环境下生存和发展的基础。

二 指标体系的构建原则

对出版产业竞争力水平的高低做出较为客观、科学的评价，则需建立一套能较大程度包含出版企业各方面竞争力的评价指标体系，同时，指标体系中的各项指标能充分地解释或反映企业在该方面的竞争力优势或不足[②]。为此，本书在构建区域出版产业竞争力的指标体系需遵循的原则有以下三个方面。

（一）系统性和层次性

全媒体是一个包括新闻出版、广播影视、网络游戏、休闲娱乐等子系统的复杂的大系统，因此全媒体视角下的出版产业竞争力是由各种相关要素组成的统一的有机整体，若只考虑到其中某个因素或某几个因素可能导致评价的不科学与评价结果的不准确性。所以，对于全媒体下出版企业的竞争力的评价是一项系统工程，必须从整体的思想进行指标的选取与指标体系的构建。此外，在从整体性的角度构建指标体系的同时还需考虑指标体系中各指标具有一定的层次性，因为一个完整的系统是具有一定的层次性，在对出版企业竞争力做出客观评价的时候需要将评价指标体系分成不同的层次，并对各层指标进一步细化使各层次的指标从不同的角度更加全面地对评价对象的竞争力做出解释。

（二）代表性和独立性

出版产业竞争力涉及的方面较多，在构建竞争力评价指标体系

---

① 廖建军：《出版产业竞争力的分层立体评价模型》，《出版科学》2007年第2期。
② 吴江文：《我国数字出版产业统计指标体系的设计》，《出版发行研究》2013年第7期。

的过程中需要着重考虑企业竞争力的主要影响因素,评价指标应当较大程度地反映或代表企业的竞争力水平,因此评价指标不宜过于繁杂,对于指标的选择数量不宜过多,应该适当地选取一些具有代表性的核心指标构成评价体系。在此基础上,各指标之间还应该保持一定的独立性,至少不存在较强烈或明显的相关性或者可相互替代性,做到能够相对独立,对评估企业竞争力的各指标进行客观的评价与分析。

（三）数据的可获得性

评价指标数据的可获得性是建立指标体系对企业竞争力评价的基础,在缺乏数据驱动的情况下指标体系的可行性受到约束以及评价结果准确性与客观性会有所下降。因此,评价出版产业竞争力的指标体系需要具有较强的数据可获取性,对于一些数据获取难度较大的指标在信息损失量最小的前提下可进行替换一些数据获取性相对较容易的指标。同时,选取的指标中除了少数的非常重要的指标需要通过进行访谈、实地调研等方式获得外,最好能从一些较易获取并具有一定可靠性与准确权威性的年报或统计年鉴中获得数据,有利于更好地对研究对象进行评价与比较分析。

三　指标的选取及指标体系的建立

评价指标的选取方法主要有定性和定量两大类方法。其中,定性法主要包括分析法与综合法两种。综合法即通过专家研讨会或专家访谈等方式收集专家的意见,进一步分析选出评价指标。分析法则是按照一定的分析范式,对研究对象和评价目标进行系统分解,直至分解出的各子系统均能通过相关指标进行衡量并反映。定量法主要包括试算法与聚类法两种。其中,试算法是通过对某个指标多年的数据进行反复试算后与相关指标进行比较,判断该指标的选取是否科学合理。聚类法是对现有的一些指标根据某一类标准或某种算法进行分类,其分类的原理是根据各指标间距离来判定哪些指标是属于一类。

基于上述方法和理论基础,本书对指标的选取主要采用定性的方法，结合国内外现有相关文献的研究成果同时借助专家访谈等方法进行评价指标的选取。最终，在遵循总体评价原则和指标体系构建原则的基础上建立了包括一个目标、四个要素和二十项具体指标的出版产业竞争力评价体系。该指标体系自上而下可以划分为三个层面。其中，顶层为目标层，即作为研究对象体的出版产业竞争力，中间属于一级指标层，它是根据目标层的细分而来，分别由盈利能力、发展潜力、运营状况、偿债能力四个方面构成。最后是二级指标层，分别由以上四个方面进一步分解延伸所得，它是对要素层各要素的进一步解释，包括毛利率、净利率、总资产净利润率、扣非净利润、净资产收益率、总资产增长率、总资产周转率、资产负债率等二十个指标（具体的指标层见表4-8）。

表4-8　　　　　出版产业竞争力评价指标体系

一级指标	二级指标	单位	指标属性
盈利能力	毛利率	%	正向指标
	净利率	%	正向指标
	总资产净利润率	%	正向指标
	扣非净利润	亿元	正向指标
	净资产收益率	%	正向指标
发展潜力	总资产增长率	%	正向指标
	营业收入同比增长率	%	正向指标
	净利润同比增长率	%	正向指标
	净资产收益率同比增长率	%	正向指标
运营状况	总资产	万元	正向指标
	营业周期	天	负向指标
	总资产周转率	%	正向指标
	应收账款周转率	%	正向指标
	存货周转率	次	正向指标

续表

一级指标	二级指标	单位	指标属性
偿债能力	流动比率	%	正向指标
	速动比率	%	正向指标
	资产负债率	%	负向指标
	现金比率	%	正向指标
	产权比率	%	正向指标

四 指标的解释与说明

为了科学、规范地构建出版企业竞争力评价指标体系，并对出版企业的竞争力水平做出客观、准确的评价，以下对各二级指标做出解释和说明。

出版产业竞争力评价主要从出版企业的盈利能力、发展潜力、运营状况、偿债能力四个方面来评价。

（一）盈利能力

出版企业的盈利能力通过出版企业的毛利率、净利率、总资产净利润率、扣非净利润、净资产收益率五项指标来表示。其中，毛利率是毛利与销售收入（或营业收入）的百分比，即：毛利率=（主营业务收入－主营业务成本）/主营业务收入×100%；净利率指的是企业所获得的净利润与销售收入的比值，其衡量的是企业在一定时期所实现的销售收入高低的能力，企业净利率的高低可看作企业竞争力的一种间接表现；总资产净利润率是企业净利润总额与企业资产平均总额的比率，它所反映出的是企业资产综合利用程度的多少，同时在企业利用债权人和所有者权益总额所取得盈利方面的衡量也起到了重要作用[1]；扣非净利润为扣除非经常性损益后的净利润，将资本溢价等因素剔除只看经营利润的高低，反映了企业经营业绩的能力；净资产收益率通过企业税后利润除以净资产得到

---

[1]《评价指标体系》，https：//wenku.baidu.com/view/b36055d8360cba1aa811da1b.html，2017年2月24日。

的百分比来表示,其反映的是股东权益的收益水平,可用来衡量公司自有资本的使用效率,指标值越高说明投资收益越高,体现了企业自有资本获取净收益的能力[①]。

(二) 发展潜力

出版企业的总资产增长率是企业本期总资产增长额与上一期资产总额的比率,所反映的是企业本期资产规模的增长情况;营业收入同比增长率指的是企业在一定期间营业收入的增长与其上年同期营业收入的百分比,反映了企业在此期间内营业收入的增长或下降快慢的情况,其计算公式为:(当期营业收入 − 上期营业收入)/上期营业收入 × 100%[②];净利润同比增长率指的是企业当期净利润增长额与上期净利润的百分比,该指标值的大小反映出企业发展潜力的大小;固定资产净值率的计算公式为:企业固定资产净值/固定资产原值 × 100%,其反映的是企业固定资产的新旧程度,该指标在一定程度上表示了企业未来的发展能力。

(三) 运营状况

出版企业营业周期是指企业从外购承担付款义务,到收回因销售商品或提供劳务而产生的应收账款的这段时间。其计算公式为:营业周期 = 存货周转天数 + 应收账款周转天数。较短的营业周期表明企业对应收账款和存货的有效管理,一般情况下,营业周期短,说明资金周转速度快,营业周期长,说明资金周转速度慢;总资产周转率是指企业在一定时期业务收入净额同平均资产总额的比率,是反映企业总资产的经营情况和利用情况,越大的总资产周转率代表了越快的总资产周转速度,反映出企业越强的销售能力,同时企业可通过薄利多销的方式来加速资产的周转,从而增加企业的利润额;应收账款周转率所反映的是公司在一定期间内应收账款转为现

[①] 吴春雅:《中国食品上市公司的投入产出效率研究》,博士学位论文,江西财经大学,2015 年。

[②] 苏历:《文化产业上市公司财务绩效的影响因素分析》,硕士学位论文,华东交通大学,2016 年。

金的平均次数,应收账款周转率越高,应收账款收回得越快,反之,则说明营运资金过多停滞在应收账款上,影响企业资金的正常周转;存货周转率反映企业购、产、销平衡效率的尺度,存货周转率越高,说明企业存货资产变现能力越强,存货及占用在存货上的资金周转速度越快,用以评价企业的经营状况,反映企业的绩效。

(四) 偿债能力

出版企业的流动比率即企业流动资产与流动负债的比率,用来衡量企业流动资产可变为现金用于偿还负债的能力,一般来说,流动比率越高,说明企业资产的变现偿债的能力越强;资产负债率指的是负债总额与资产总额的百分比,表示在总资产中负债所占的比例,衡量公司利用债权人资金进行企业运作的能力,也反映企业对于本身债务能够偿还的能力;现金比率的计算公式为:现金比率=(货币资金+交易性金融资产)/流动负债,该指标反映出企业在不依靠存货销售及应收款的情况下支付当前债务的能力[①];产权比率是负债总额与所有者权益总额的比率,侧面表明企业借款经营的程度,是衡量企业长期偿债能力的指标,产权比率越低说明企业自有资本所占的比重越大,企业长期偿债能力越强。

第五节 区域出版产业竞争力评价模型构建

一 模型构建方法与基本思路

本书主要采用灰色关联分析法和熵权法对区域出版产业竞争力水平进行评价。灰色关联分析法的基本思路是:对出版产业各评价单元中各指标中的最优值组成参考序列,以被评价单元出版产业的各项指标数据作为比较序列,通过计算两数列的关联程度的大小来

---

① 黄舟瑛:《财务分析》,http://wenku.baidu.com/view/c0cba062783e0912a2162aed.html,2012年4月23日。

确定比较数列的评价对象竞争力强弱。比较序列与最优序列的关联程度越高,则该序列与竞争力最强的评价单元越接近,即该序列所属的评价对象竞争力越强。

同时,为了避免在指标的赋权过程中产生主观因素,使评价结果能更客观、准确,本书采用熵权法对各指标进行权重的确定。熵权法的原理是:指标权重的大小代表了指标间各样本的差异程度。权重越大的指标其样本的差异也越大,对该指标的分析也就越有价值;相反,权重越小的指标,其样本的差距则越小,各样本之间趋近于均衡发展的状态,对于该类指标,分析的价值较低。通过对灰色关联系数和权重的计算,文章最后通过线性加权处理得到最终的出版产业竞争力比较结果。

二 研究方法运用

(一) 线性比例变换法

设评价对象的数量为 n,指标数量为 m,采用极大极小值方法,正向指标(如毛利率)、负向指标(如营业周期)完成标准化[①]。

正向指标:$X'_{ij} = \dfrac{x_{ij}}{x_{imaxj}}$ (4-1)

负向指标:$X'_{ij} = \dfrac{x_{iminj}}{x_{ij}}$ (4-2)

其中:X'_{ij} 为第 i 个评价对象在第 j 个指标的原始数值标准化后的值。X_{imaxj} 和 X_{iminj} 分别表示第 i 个评价对象中第 j 项指标中的最大值和最小值。

(二) 灰色关联分析法

在本书的研究中,参考序列为每一个指标的最优值,如向量 x_0 所示,在向量 x_0 中所有元素都是相应指标的最大值,$x_0(j)$ 代表第 j 个指标的最大值。

参考序列:

---

① 陆伟锋等:《"均衡发展"视角下生态文明发展水平评价研究——以江西省为例》,《生态经济》2017 年第 10 期。

$$x_0 = \{x_0(1), x_0(2), \cdots, x_0(n)\} \quad (4-3)$$

比较序列：

$$x_i = \{x_i(1), x_i(2), \cdots, x_i(n)\} \quad (4-4)$$

求基准序列与比较序列的灰色关联系数，公式如下：

$$\xi_i(k) = \frac{\min_i \min_k |x_0(k) - x_i(k)| + \delta \max_i \max_k |x_0(k) - x_i(k)|}{|x_0(k) - x_i(k)| + \delta \max_i \max_k |x_0(k) - x_i(k)|}$$

$$(4-5)$$

其中，δ 为分辨系数，通常取值为 0.5。

（三）熵权法

熵权法是一种客观赋权方法。在计算权重的过程中，熵权法根据信息熵计算出各指标的熵权，再通过熵权对各指标的权重进行修正，该过程没有主观因素，因而计算得出的权值较为客观。熵权法的计算步骤如下：

首先利用信息熵的概念确定权重，第 j 个属性下第 i 个方案的贡献度 P_{ij}：

$$P_{ij} = \frac{x_{ij}}{\sum_{i=1}^{m} x_{ij}} \quad (4-6)$$

其次计算各方案对属性 X_j 的贡献总量 E_j：

$$E_j = -\sum_{i=1}^{m} P_{ij} \ln(P_{ij}) / \ln m \quad (4-7)$$

最后得出各属性权重 W_j：

$$W_j = \frac{d_j}{\sum_{j=1}^{n} d_j} \quad (4-8)$$

其中，$d_j = 1 - E_j$。

三 评价步骤

（一）数据的标准化处理

将获取的原始数据通过线性比例变换法式（4-1）、式（4-2）进行数据标准化处理。

(二) 灰色关联系数的计算

对上述标准化处理后的数据代入式（4-5）计算得出比较序列与参考序列的灰色关联系数，记各评价对象的灰色关联系数为 ξ_i。

(三) 各项指标权重的确定

根据式（4-6）、式（4-7）、式（4-8）采用熵权法客观地对各项二级指标赋权，记各项权重为 W_j。

(四) 计算灰色加权关联度

灰色加权关联度的表达式为：

$$r_i = \sum_{k=1}^{n} W_k \xi_i(k) \tag{4-9}$$

对二级指标的灰色关联系数与权重根据式（4-9）进行加权得出最终各出版企业的灰色加权关联度 r_i。

(五) 评价结果分析

根据计算结果，从权重、灰色关联系数、灰色加权关联度三个角度对三家出版企业进行分析并得出结论，给出相关的政策建议。

第六节 本章小结

综合考虑出版企业的营业收入和营业利润，选取了作为出版企业前三的凤凰传媒、中文传媒、中南传媒三大出版企业作为本书的研究对象，并阐述了三家出版企业的主要业务（包括出版、发行、印刷、游戏、影视等业务）、经营模式以及从品牌优势、平台优势、渠道优势、环境优势、内容优势等方面的优势对三大出版企业的核心竞争力进行了分析。

根据企业竞争力的内涵及指标体系的构建原则（包括系统性、层次性、代表性、可获得性等）从盈利能力、发展潜力、运营状况和偿债能力四个方面构建了出版产业竞争力评价指标体系，采用定性法分析法与综合法相结合的方法，同时结合专家访谈等方法，展开具体评价指标的选取，其包含毛利率、净利率、总资产净利润率、扣非净利润、净资产收益率等20项二级指标，并对各项二级指标进行了解释说明。

在此基础上引入了线性比例变换、灰色关联分析法和熵权法三种方法，介绍了评价过程中所使用的几种主要方法的原理及思路，上述三种方法的作用分别是对原始数据标准化、计算各样本与母样本的灰色关联度、确定指标的权重大小。通过以上几种方法相结合对凤凰传媒、中文传媒、中南传媒三大出版企业的竞争力进行评价与比较。

最后，给出评价出版产业竞争力的五个评价步骤：①对原始数据进行标准化处理（线性比例变换）；②计算各样本相对母序列的灰色关联系数，其中分辨系数取值0.5；③确定各项二级指标的权重大小（熵权法定权），进一步求出一级子系统的权值；④根据灰色关联系数与二级指标权重的加权计算各样本灰色加权关联度；⑤从不同的角度对评价结果进行分析并得出结论。

第五章 区域出版产业竞争力比较与分析

第一节 数据来源及指标权重的确定

一 数据来源

为确保研究的科学性、可比性，且满足研究方法所必需的完整样本，本书从同花顺财经以及上市公司年报获取凤凰传媒、中文传媒、中南传媒三家出版企业的相关数据，对该三家出版企业的竞争力进行比较与评价。

二 评价指标权重的确定

采用熵权法根据第四章中式（4-7）、式（4-8）、式（4-9）确定区域出版产业竞争力评价指标体系中各指标的权重，可得出各一级指标及二级指标的权值，如表5-1所示。

表5-1　　　　　　　　各项指标权重

一级指标	权重	二级指标	权重
盈利能力	0.222	毛利率	0.051
		净利率	0.037
		总资产净利润率	0.070
		扣非净利润	0.030
		净资产收益率	0.034

续表

一级指标	权重	二级指标	权重
发展潜力	0.219	总资产增长率	0.087
		营业收入同比增长率	0.020
		净利润同比增长率	0.022
		净资产收益率同比增长率	0.048
		固定资产净值率	0.042
运营状况	0.235	总资产	0.030
		营业周期	0.032
		总资产周转率	0.064
		应收账款周转率	0.051
		存货周转率	0.058
偿债能力	0.324	流动比率	0.088
		速动比率	0.053
		资产负债率	0.052
		现金比率	0.083
		产权比率	0.048

资料来源：根据2013—2016年凤凰传媒、中文传媒、中南传媒年报相关数据计算所得。

从一级指标来看，出版企业在盈利能力、发展潜力、运营状况、偿债能力四个方面的权重分别为0.222、0.219、0.235、0.324。总体来说，出版企业竞争力中偿债能力所占的比重较大，其他三个方面的重要程度较为接近，由于指标的权重通过熵权法所确定，根据熵权法的原理可知，其大小代表权重的同时还表示该指标在样本上差异程度的大小。因此，从出版企业的偿债能力权重大小可看出在偿债能力上各出版企业的差异性相对较大。

从二级指标来看，出版企业的二级指标权重的值域为 [0.020，0.088]，二级指标的值域范围较大，极小值营业收入同比增长率权值仅为0.02，极大值流动比率权值达到了0.088，为极小值的4.4倍，极值指标的权重差距较大说明各出版企业在流动比率该指标相比较营业收入同比增长率指标而言的差异化程度非常明显。根据二级指标权值的分布情况可知出版企业二级指标的权值主要集中在[0.045, 0.060],较多的指标在权值在 0.05 附近上下波动,可以看出较大部分的指标权值有趋近于 0.05 的趋势,极个别指标,如总资产增长率(权值为 0.087)、流动比率(权值为 0.088)、营业收入同比增长率(权值仅为 0.020)的权值较二级指标均值的差值较大,二级指标的权值具体如图 5-1 所示。

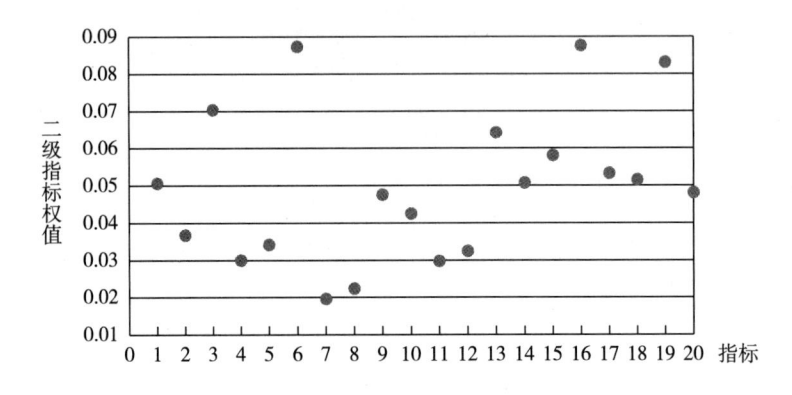

图 5-1 出版企业竞争力评价二级指标权值

第二节 区域出版产业竞争力测度

一 三大出版企业竞争力比较

基于以上熵权法计算的权重,通过第四章中式(4-3)、式(4-7)对灰色关联得分进行加权处理,得到凤凰传媒、中文传媒、中南传媒 2012—2016 年企业竞争力各子系统灰色关联得分及总得分,如表 5-2 所示。

从三家出版企业近五年竞争力灰色关联得分的均值来看,凤凰传媒、中文传媒、中南传媒的竞争力得分分别为 0.340、0.376、0.509,可以粗略地看出近五年来三家出版企业中中南传媒的竞争力

表5-2 三大出版企业竞争力评价结果

企业	凤凰传媒					中文传媒					中南传媒				
子系统/时间	2012	2013	2014	2015	2016	2012	2013	2014	2015	2016	2012	2013	2014	2015	2016
盈利能力	0.107	0.090	0.135	0.094	0.088	0.034	0.025	0.075	0.105	0.118	0.067	0.070	0.142	0.172	0.186
发展潜力	0.074	0.051	0.087	0.030	0.049	0.096	0.150	0.069	0.138	0.061	0.053	0.169	0.049	0.163	0.040
运营状况	0.068	0.070	0.069	0.045	0.049	0.154	0.166	0.108	0.088	0.090	0.098	0.111	0.081	0.083	0.086
偿债能力	0.245	0.150	0.077	0.066	0.054	0.053	0.081	0.076	0.102	0.091	0.182	0.190	0.199	0.208	0.194
sigema	0.493	0.362	0.368	0.235	0.241	0.337	0.422	0.328	0.434	0.360	0.400	0.540	0.470	0.626	0.507
均值	0.340					0.376					0.509				

资料来源：根据2013—2016年凤凰传媒、中文传媒、中南传媒年报相关数据整理计算得出。

相对较强，中文传媒的竞争力次之，凤凰传媒的竞争力相对弱些。

为了更好地对三家出版企业2012—2016年竞争力的变化情况进行分析和对比，将三者随时间变化的曲线图描述至图5-2中。从图5-2中三家出版企业2012—2016年竞争力得分来看，凤凰传媒的竞争力得分在逐渐降低，从2012年的0.493下降到了2016年的0.241，下降幅度较大，该企业竞争力仅在2012年较中文传媒和中南传媒强，存在一定的企业竞争优势，但在之后企业竞争力下降且幅度较大，呈现相对较严重的下降趋势；中文传媒竞争力得分在2012—2016年整体波动不大（2012年为0.337，2016年为0.360），其得分的波动区间在 [0.328，0.434] 间波动，在此期间该出版企业相比较凤凰传媒逐步建立了一定的自身竞争优势且保持较稳定的企业竞争力；中南传媒的竞争力得分在2015—2016年出现了较大的降低，其竞争力的波动性较强，但在2012—2016年总体上还是具有较明显的增长（2012年为0.400，2016年为0.507），说明其企业竞争力呈现出增强的趋势。虽然中文传媒的竞争力变化趋势与中南传媒的竞争力变化趋势较为相似，但在企业竞争力上相对中南传媒还是表现出了较明显的优势。

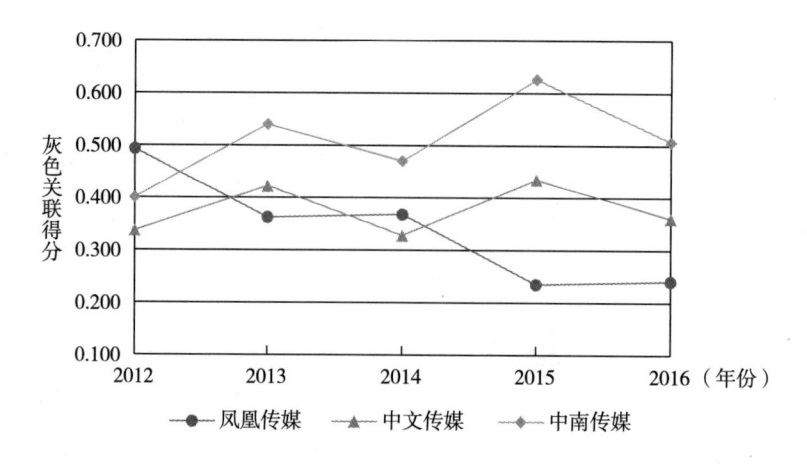

图5-2 出版企业竞争力灰色关联得分

二 三大出版企业竞争力变化情况分析

从三家出版企业的竞争力随时间变化曲线来看，凤凰传媒在2012—2016年出现了较大幅度的下跌（见图5-3），在此期间，2012年的竞争力水平远高于五年间的均值水平，2013年、2014年的竞争力水平相当略高于均值水平；后两年（2015年、2016年）的竞争力水平远低于竞争力的均值水平。同中南传媒和中文传媒比较，凤凰传媒的各方面盈利能力还有很大的提升空间。自2012年后，凤凰传媒的总收入利润率与中南传媒的差距越来越大，而且投入产出较中南传媒来说处于劣势，企业的经营耗费造成经营成果低于行业水平。由此可见，凤凰传媒在成本费用的管控方面还需要加强，应当通过合理安排生产来降低企业的营业成本和费用。

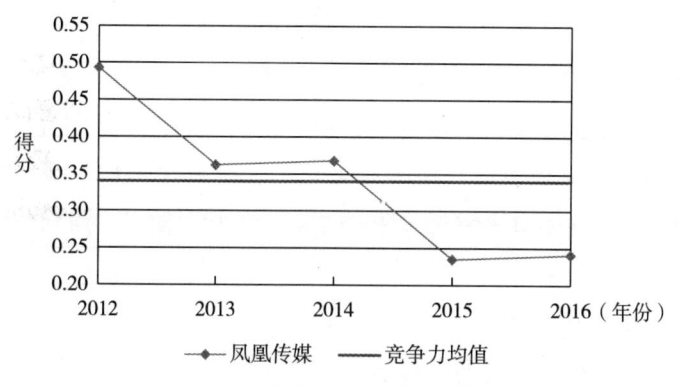

图5-3 凤凰传媒竞争力随时间变化情况

中文传媒企业竞争力水平在2012—2016年出现了振荡（见图5-4）。在此期间，2012年、2014年、2016年的竞争力水平均低于五年竞争力的均值水平（0.376），仅2013年、2015年的竞争力水平相当且高于均值水平；2012年（竞争力得分0.337）相比较2016年（竞争力得分0.360）的总体竞争力水平无明显的提升。但2015年中文传媒盈利能力大幅提升，主要原因是其子公司智明星通处于新游戏的大力推广阶段，销售费用偏高；仅新业态收入就高达10.59亿元，同比增长601%。同年中文传媒大幅度降低了低盈利的贸易和物流业务的比重，展现出转型的决心。

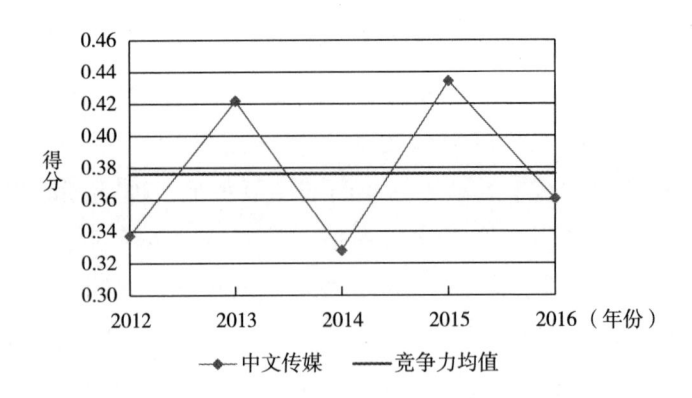

图 5-4 中文传媒竞争力随时间变化情况

中南传媒企业竞争力水平在2012—2016年同样出现了振荡（见图5-5），但总体呈现出了一定的上升趋势（2012年竞争力得分0.400，2016年竞争力得分0.507）。其间，2012年的竞争力水平远低于五年的平均线，2014年的竞争力水平略低于五年的平均线，2013年和2015年竞争力水平高于均值水平，其中2015年竞争力得分远高于平均得分，2016年竞争力水平趋于平均值附近。通过数据对比，2016年中南传媒净利润第一、毛利率第一、净利润率及净资产收益率均最优，在行业排名中遥遥领先。但由于纸张成本的上涨，作为传统媒介的报纸，其业务量近年来持续被互联网冲击，导致中南传媒的印刷和报媒两大板块在2015—2016年连续出现亏损。

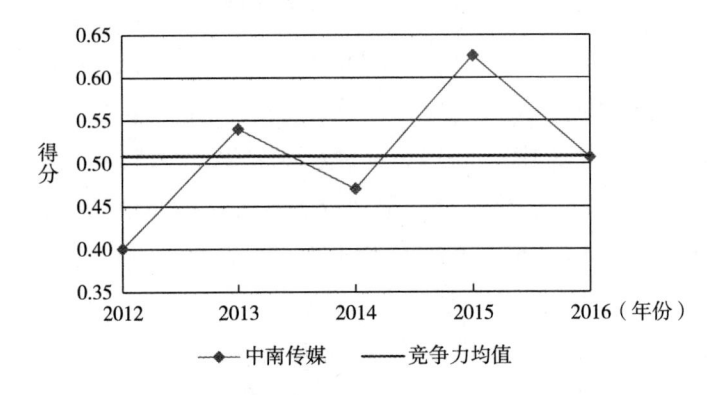

图 5-5 中南传媒竞争力随时间变化情况

第三节 区域出版产业各维度竞争力分析

根据表5-2的评价结果可知凤凰传媒、中文传媒、中南传媒2012—2016年在盈利能力、发展潜力、运营状况、偿债能力四个方面竞争力的变化情况。为了更加直观地观察三家出版企业在各方面竞争力随时间变化的情况，将三家出版企业四个方面的竞争力变化情况通过折线图描述（见图5-2）。

一 出版产业盈利能力分析

在出版企业的盈利能力方面，凤凰传媒的公司盈利能力从2012—2016年整体变化不大，但其在2014年的盈利能力（得分0.135）有明显的提升，之后呈现下降的趋势，到2016年为止，其盈利能力与2012年相比略有降低（2012年得分0.107，2016年为0.088）。中文传媒与中南传媒两家企业在2012—2016年盈利能力的发展变化相似程度较高，二者的盈利能力均从2012—2016年出现较大程度的加强，中文传媒在2012—2013年盈利能力略有轻微程度的下降，中南传媒在2012—2013年盈利能力几乎保持不变。但其后的三年两者的盈利能力均具有大幅度的提升，尤其在2014年两家出版企业的盈利能力出现了"陡坡式"的增长，后两年则呈现逐步趋于稳定增长的态势。从其盈利能力的灰色关联得分数值来看，中文传媒和中南传媒2016年盈利能力灰色关联得分均达到了2012年的近3倍（中文传媒2012年0.034，2016年0.118；中南传媒2012年0.067，2016年0.186）。同时，中南传媒在盈利能力上相对中文传媒均具有较明显的优势，与凤凰传媒相比较，其盈利能力上的优势从2014年逐步扩大。

二 出版产业发展潜力分析

在出版企业的发展潜力方面，根据发展潜力灰色关联得分的变化情况可知：凤凰传媒的发展潜力呈现为"W"形曲线，中文传媒和中南传媒均呈现出"M"形曲线，从不同形状的变化曲线可反映出三家出版企业在2012—2016年发展潜力均出现了不同程度的波动，从波动的幅度来看：中南传媒的波动程度最大（波动峰值在2013年达到了0.169），中文传媒（波动峰值在2013年达到了0.150）次之，凤凰传媒（波动峰值在2014年达到了0.087）的波动程度相对最小；从该期间发展潜力的整体趋势来看：三家出版企业2016年发展潜力相对2012年而言均呈现出小幅度的下滑（凤凰传媒2012年发展潜力得分为0.074，2016年为0.049；中文传媒2012年发展潜力得分为0.096，2016年为0.061；中南传媒2012年得分为0.053，2016年为0.040），如图5-6所示。

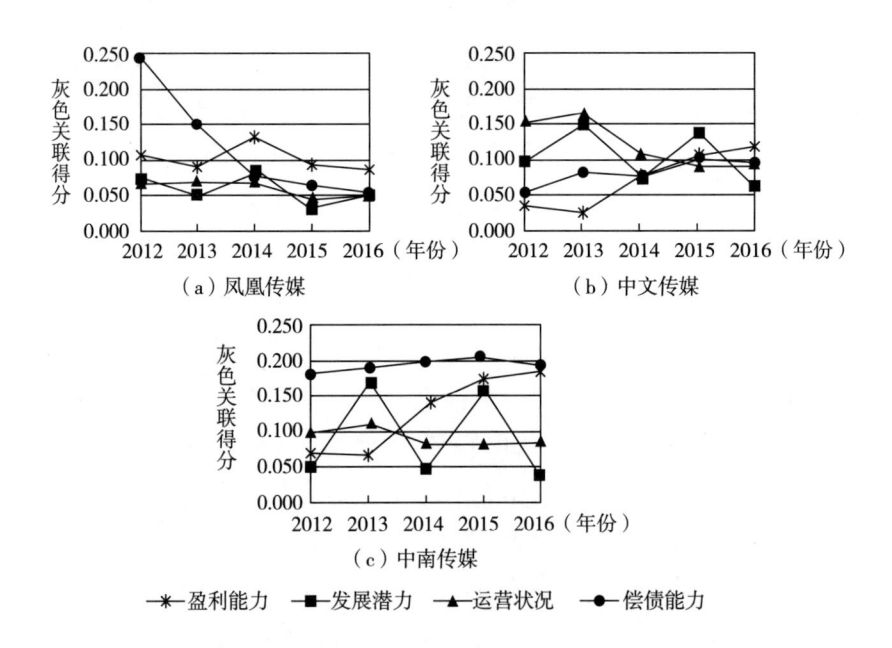

图5-6 三家出版企业不同维度竞争力灰色关联得分

三 出版产业运营状况分析

从出版企业的运营状况方面看，2012—2016年三家出版企业的运营状况变化情况的总体趋势较为相似，可将其划分为三个阶段：

第一阶段为2012—2013年,在该时期三家出版企业的经营状况都存在小幅度改善,且中文传媒运营状况的改善程度较中南传媒和凤凰传媒明显(2012年凤凰传媒、中文传媒、中南传媒得分分别为0.068、0.154、0.098,2013年凤凰传媒、中文传媒、中南传媒得分分别为0.070、0.166、0.111),同时中文传媒的运营状况基础较凤凰传媒和中南传媒有明显的优势;第二阶段为2013—2015年,在该时期三家出版企业的运营状况均出现不同程度的下滑,但均有趋向于平稳的态势。其中,中文传媒的运营状况2013—2015年出现极为显著的下滑(2013年得分为0.166,2014年得分为0.108,2015年得分为0.088);中南传媒在2013—2014年的运营状况下滑比较明显,但较中文传媒次之(2013年得分为0.111,2014年得分为0.081);凤凰传媒的运营状况在第二阶段始终呈现下滑态势,但其下滑的速度较为缓慢;第三阶段为2015—2016年,该阶段的出版企业运营状况在经历过第二阶段的逐步下滑后有轻微的回调趋势,三家出版企业在该阶段的运营状况均呈现出较轻程度的改善趋势。

四 出版产业偿债能力分析

在出版企业的偿债能力方面,2012—2016年中文传媒和中南传媒两家出版企业的偿债能力总体变化趋势大体相同,均表现为逐步增强的趋势,但中南传媒的偿债能力相对中文传媒具有明显优势。而凤凰传媒的偿债能力在初始时期相对其他两家出版企业都强(2012年凤凰传媒、中文传媒、中南传媒偿债能力得分分别为0.245、0.053、0.182),但其在2012—2014年偿债能力出现了"断崖式"下跌,从偿债能力灰色关联得分看,凤凰传媒2014年偿债能力得分(0.077)不到2012年(0.245)的1/3,之后在2014—2016年下降速度逐渐趋于缓慢。三家出版企业在偿债能力随时间的变化上具有一个共同特点即2015—2016年三家出版企业的偿债能力均处于缓慢下降的状态(2015年凤凰传媒、中文传媒、中南传媒偿债能力得分分别为0.066、0.102、0.208,2016年凤凰传媒、中文传媒、中南传媒偿债能力得分分别为0.054、0.091、0.194)。

第四节　区域出版产业竞争力影响因素分析

一　竞争力影响因素分析思路

影响区域出版产业竞争力的因素较多，本章节从盈利能力、发展潜力、运营状况、偿债能力四个方面各选取2个指标作为出版企业竞争力的主要影响因素，由于出版企业竞争力评价结果经过加权处理，基于灰色关联加权得分选取的影响因素可能存在得分很高但该指标的实际状况较差的情况，其原因是较高的得分单纯依靠较大的权值所造成。因此，出版企业竞争力主要影响因素指标的选取是从盈利能力、发展潜力、运营状况、偿债能力四个方面各挑选权重较大的两项指标，通过分析这些指标未进行加权的灰色关联得分来分析其对出版企业竞争力的主要影响，其中各指标的灰色关联得分为2012—2016年的均值。根据表5-1中各指标的权值将毛利率、总资产净利润率、总资产增长率、净资产收益率同比增长率、总资产周转率、存货周转率、流动比率、现金比率八个指标作为出版企业竞争力的主要影响因素进行分析。

为了更加直观地看出不同出版企业在各个指标上的发展状况，借助雷达图描绘凤凰传媒、中文传媒、中南传媒在上述八个指标上的分布情况（见图5-7），从而更方便地分析三家出版企业受各因素的影响状况。

二　出版产业盈利能力影响因素

从三家出版企业的盈利能力来分析，中文传媒与中南传媒在近五年的毛利率得分较相近，而凤凰传媒相比较二者具有一定的优势。在总资产净利润率上，凤凰传媒和中文传媒的情况大体一致，中南传媒在该影响因素上存在较明显的优势，反映了中南传媒在通过资产综合利用获取利润的效果较好。说明了在三家出版企业中，中文传媒和中南传媒盈利能力较差主要是受毛利率低的影响，凤凰

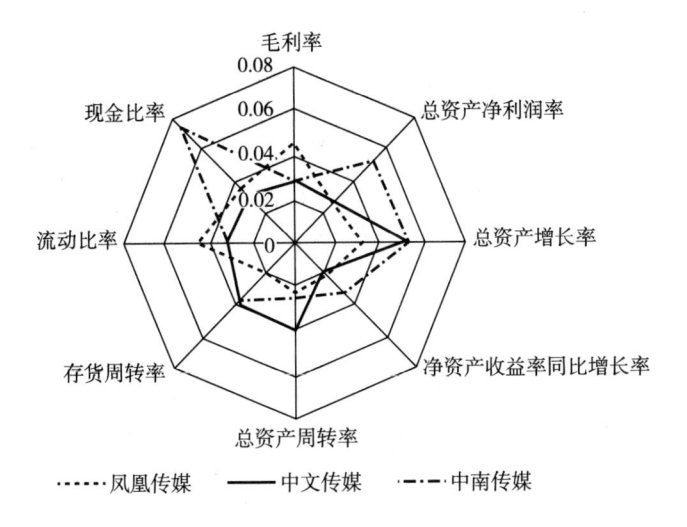

图 5-7 出版企业在各指标上的发展状况

传媒在毛利率上存在一定的优势对其盈利能力的增强起到了主要作用；凤凰传媒和中南传媒的总资产净利润率较低，说明凤凰传媒和中文传媒的资产综合利用效果较差还有待加强，其盈利能力的增强可能会受到较低资产净利润率的阻碍作用，但中南传媒的资产净利润率较高，对其盈利能力的加强具有较大贡献。

三 出版产业发展潜力影响因素

从三家出版企业的发展潜力来分析，中文传媒和中南传媒的总资产增长率均较高，凤凰传媒相比较其他两家出版企业存在一定的劣势。在净资产收益率同比增长率上，三家出版企业表现均不是特别好，但中南传媒比其他两家出版企业相对略好，反映了净资产收益率的增长情况。以上说明了三家出版企业在发展潜力上中南传媒和中文传媒总资产增长率较高对其发展潜力的扩大具有正向影响，而凤凰传媒在该方面则还需扩大其经营规模，加快其资产规模的扩大速度。在净资产收益率同比增长率上凤凰传媒和中文传媒均表现较低，限制了发展潜力的上升，其净资产收益率的增速还有待提高，加快其净资产收益率的增长，更进一步地提高净资产收益率，提升企业的发展潜力。

四 出版产业运营状况影响因素

从三家出版企业的运营状况来看,中文传媒的总资产周转率相比其他两家出版企业较高,越高的周转率表示越快的总资产周转,可以看出中文传媒的销售能力较其他两家出版企业要强,同时其总资产的经营质量和利用效率也较好,对于总资产率较低的凤凰传媒,可以通过薄利多销的办法,加速资产的周转,进而带来利润绝对额的增加和存货周转率的增加来改善其运营状况。同样,在存货周转率指标上,凤凰传媒表现次之,反映其企业的购、产、销平衡效率有待提高。中文传媒和中南传媒的存货周转率均较高,存货周转率越高,表明企业存货资产变现能力越强,存货及占用在存货上的资金周转速度越快,说明中文传媒和中南传媒的企业经营状况的改善在很大程度上是受存货周转率的影响。

五 出版产业偿债能力影响因素

从三家出版企业的偿债能力来看,中南传媒在现金比率上相对其他两家出版企业都具有绝对的优势,在流动比率上中南传媒和中文传媒总体持平,但凤凰传媒比二者明显要高。中南传媒较强的偿债能力主要是依托于其较高的流动比率,在其流动资产中有较多的资本可以立即变现用于偿还流动负债,且不依靠存货销售及应收款的情况下,支付当前债务的能力较强;而中文传媒由于在现金比率与流动比率上呈现出一定的劣势导致其竞争力在偿债能力方面弱于两家出版企业。

总的来说,凤凰传媒的企业竞争力整体较弱的主要原因是受以上六个因素的影响(除了毛利率和流动比率)。中文传媒运营能力较强和发展潜力较大很大程度上由于存货周转率、总资产周转率和总资产增长率的优势,但其在偿债能力上还是受到低现金比率和低流动比率的牵制。中南传媒在毛利率以及流动比率上相比凤凰传媒存在较小的劣势,其总资产周转率弱于中文传媒,存货周转率和总资产增长率与凤凰传媒大体持平,在剩余的其他五个因素方面竞争力均具有较大的优势，因此其企业的总体竞争力要明显强于另外两家出版企业。

第五节　本章小结

通过熵权法对各评价一级指标和二级指标的权重进行了确定，出版企业在盈利能力、发展潜力、运营状况、偿债能力四个方面的权重为0.222、0.219、0.235、0.324，分别对一级指标和二级指标的权值情况进行了阐述和说明。二级指标极小值营业收入同比增长率权值仅为0.02，极大值流动比率权值达到了0.088，为极小值的4.4倍之多，二级指标的权值主要集中在[0.045，0.060]，大部分的指标权值有趋近于0.05的趋势。

在此基础上结合灰色关联分析从盈利能力、发展潜力、运营状况、偿债能力四个方面测度了凤凰传媒、中文传媒、中南传媒三家出版企业2012—2016年的整体竞争力水平，可以粗略地看出近五年来三家出版企业整体竞争力中南传媒相对较强，中文传媒的竞争力次之，凤凰传媒的竞争力相对较弱。分别从时间维度对三家出版企业的竞争力随时间变化情况进行分析，并与此期间的整体竞争力的均值水平进行比较。

为进一步了解其竞争力影响因素，分别从盈利能力、发展潜力、运营状况、偿债能力四个维度对2012—2016年三家出版企业的竞争力水平进行了比较分析。在此期间中文传媒与中南传媒两家企业盈利能力的发展变化相似程度较高，其两家的盈利能力均出现较大程度的加强；发展潜力方面，凤凰传媒的发展潜力呈现为"W"形曲线，中文传媒和中南传媒均呈现出"M"形曲线，三家出版企业在该期间发展潜力均出现了不同程度的波动；在偿债能力上中南传媒相对中文传媒具有明显优势，凤凰传媒初期具有绝对优势，但在2012—2014年出现了"断崖式"下跌，之后下跌速度逐渐趋于缓慢。

　　基于权值的大小从四个维度各选取了权重较大的两个指标（共八个指标）借助雷达图对各维度竞争力水平的主要因素进行分析，结果显示：中文传媒运营能力较强并且发展潜力较大，很大程度上由于存货周转率、总资产周转率和总资产增长率的优势，但其在偿债能力上还是受到了低现金比率和低流动比率的牵制。中南传媒在毛利率以及流动比率上相比凤凰传媒存在较小的劣势，其总资产周转率弱于中南传媒，存货周转率和总资产增长率与凤凰传媒大体持平，在剩余的其他五个因素方面竞争力均具有较大的优势，其企业的总体竞争力要明显强于另外两家出版企业。

第六章 区域出版企业竞争力实例研究

区域出版集团旗下的出版传媒公司作为内容提供商,提供各种内容产品,承担出版集团的出版主营业务。因此,在出版产业转型升级和媒介融合发展的背景下,以中文传媒为主要研究对象,为对其竞争力进行更加科学合理的评价,选择凤凰传媒和中南传媒的不同战略模式与其作比较研究,本书选取位列区域出版产业前三强的中南传媒、中文传媒和凤凰传媒出版上市公司作为案例研究对象,在实证基础上进一步分析中文传媒的竞争优劣势及其主要影响因素。

第一节 中文传媒概况

江西出版集团于 2006 年完成企业工商注册并成为全国文化体制改革试点单位。集团于 2010 年通过整合出版全产业链将主业资产注入中文传媒并借壳重组"鑫新股份"成功上市(股票代码 600373),是江西省出版集团公司控股、以主营业务整体借壳上市的多媒介全产业链的大型出版传媒公司。其主营业务包括图书出版发行、印刷等传统业务;国内外贸易、现代物流、供应链等产业链延伸业务;在线教育、游戏、数字出版、影视艺术等新媒体业务,其组织结构如图 6-1 所示。截至 2016 年年底,中文传媒实现营业收入127.76亿元，同比增长10.12%，市值位居全国同业出版传媒上市公司第2位，继续保持了中文传媒在出版传媒上市公司中"三驾马车"的地位，盈利能力稳居江西第一方阵。2017年6月21日，中文传媒股票成为首批纳入MSCI指数的222只股票之一，其中出版企业股票仅占3家；同时连续六年入选"财富中国500强"，打造中国文化企业的领军品牌。

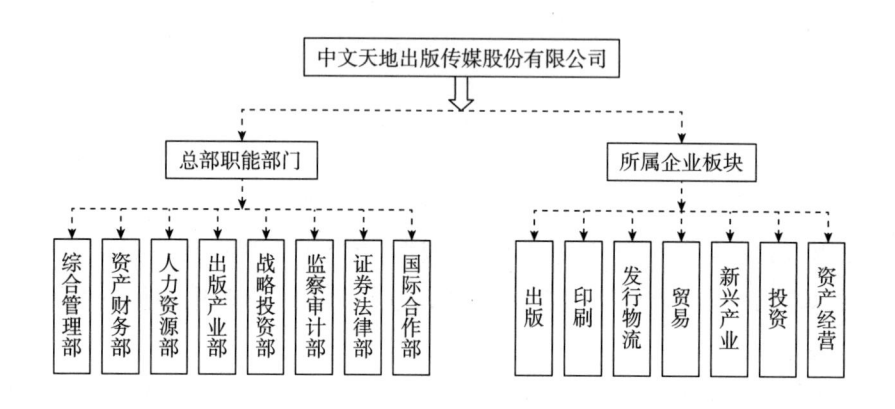

图6-1 中文传媒组织结构

资料来源：中文传媒官网。

旗下二十一世纪出版社集团已成为"中国青少年出版的领跑者"，正在按照"资源聚集、品牌推动、内容转化、平台发力、产业延伸、价值经营"的路径向"产业化、集团化、品牌化、国际化、资本化"的目标迈进。出版主业方面，公司已形成集书报刊、音像电子、新媒体和数字出版，产业链完整，商业模式清晰的价值体系。公司积极进军新媒体、数字出版领域，近年来，在大力推进数字出版业务的同时，组建了江西中文传媒网络科技有限公司、江西新媒体协同创新体，拓展智慧教育云平台、二十一世纪少儿阅读推广云平台等项目，加快互联网教育、数字出版运营和销售渠道的布局。

因此，选择中文传媒进行竞争力实例研究，其竞争力发展状态有较强的代表性,并且收集中文传媒数据进行分析时,其数据对其他出版上市公司也具有一定参考意义。

第二节 中文传媒"互联网+"转型模式

目前互联网技术的飞速发展,出现了越来越多以互联网技术为载体的新媒体,给传统媒体带来了强烈的冲击,一些依靠传统业务的出版企业核心竞争力正在不断被削弱,主营业务增长后续动力不足。谋求转型升级、打造新的增长点已成为出版企业的当务之急[①]。党的十八届三中全会在《全面深化改革的若干重大问题》中明确指出,要加快推动文化企业跨地区、跨行业、跨所有制兼并重组。在国家政策支持和互联网技术的驱动下,企业通过并购从而形成"互联网+"出版,文化行业出现了"互联网+"的并购热潮。

2013年5月,为进一步贯彻落实国家发展文化产业的重大战略和文化强省的部署,江西省出版集团公司提出了"创新发展、优质发展、加快发展,打造全国领先的现代文化产业集团"发展战略,大力推进"文化与市场、文化与科技、文化与金融"的融合。在基于互联网技术为支撑的新文化业态领域通过并购重组的方式加大投资力度,积极推动传统媒体和新兴媒体的深度融合。2015年1月,集团控股的上市企业中文传媒并购了北京智明星通科技股份有限公司,此举将出版企业的传统业务与互联网技术相结合,从而有助于增强出版企业的核心竞争力,进一步促进出版企业向全方位、全媒体、全产业链的方向发展。近几年,我国传统企业的生存和发展面临着诸多问题与挑战,移动互联网随着智能手机的普及而迅猛发展,在诸多领域如零售、新闻、图书等,对传统的商业模式产生了

---

① 史旻星:《探索数字出版的解决方案——以江西出版集团为例》,《出版参考》2020年第2期。

很大的冲击①。在这样的背景下，越来越多的传统出版企业开始了互联网转型之路，因此，本书选取中文传媒收购智明星通作为分析案例，衡量个案中我国区域传统出版企业在"互联网＋"转型收购上取得的成效，分析"互联网＋"收购表象下的实质，为我国传统出版产业进行"互联网＋"转型升级提供了一定的借鉴和参考。

一　智明星通基本状况

北京智明星通科技股份有限公司（以下简称"智明星通"）成立于2008年9月，作为最早"出海"的中国互联网企业，拥有先发优势及竞争壁垒，并具体体现在"研运一体""全球同服"及"精品化"策略。智明星通从免费安全软件和导航网站两个方面切入，通过搭建产品运营发行平台和电商服务平台实现流量变现，将内容产品作为利润的重要突破点，成功打造了面向海外市场的"流量入口—发行平台—游戏与应用产品"的闭环互联网产品生态系统，在互联网领域形成了较强的自身竞争优势②。

二　并购智明星通的目的和作用

作为中国首批上市的文化传媒类企业，中文传媒在传统业务方面具有较强的竞争力，而智明星通作为一家具备平台优势的互联网企业，在互联网媒体、信息娱乐、大数据、云计算等方面具有较强的竞争力，二者相结合无异于更进一步地加大了中文传媒在出版企业中的竞争优势。

中文传媒通过并购不仅获得了一家优质的互联网企业，开拓了新的利润增长点，还将获得优秀的互联网人才、渠道和经验等资源，并借助智明星通业务渠道全面拓展国际化市场和布局互联网业务，通过互联网技术的驱动以及对多方面的资源的整合，充分发挥传统媒体与互联网驱动下新媒体的协同发展优势，推动中文传媒在"全方位、全媒体、全产业链"战略目标下的自身优势和企业影响

---

① 徐小傑：《图书出版产业评价体系》，中国书籍出版社2011年版。
② 李伯阳：《互联网企业估值在中国的应用情况》，《中国资产评估》2016年第2期。

三 中文传媒并购智明星通后的绩效

2014—2016年，智明星通分别实现净利润1.54亿元、3.23亿元、5.93亿元，这三年累计已实现净利润总额10.7亿元，大大超出并购业绩承诺目标（超出4.66亿元）和资本市场的预期，并成为中文传媒重要的利润增长极[①]。

中文传媒市值也随着此次并购交易进程不断攀升，从2014年收购时的139亿元增长到338亿元，目前位列出版传媒上市企业首位。尽管集团持股比例由收购前的63.72%降为54.83%，但对应的市值则从88.57亿元增长到目前的185.49亿元（按2017年8月8日收盘价），所对应的国有资产得到了2倍多增值。

在社会效益方面，中文传媒作为一家出版传媒上市企业，2015年收购智明星通后在资本市场产生了较大影响力，也因此成为资本市场主流投资机构和卖方分析师高度关注的上市公司，公司股票先后纳入了"上证180指数成分股""沪深300指数成分股"，2015年6月纳入"上证公司治理板块"，并于2017年6月纳入MESCI明晟指数成分股，作为仅有的3家出版传媒股之一，公司成为海内外机构投资者优先配置的资产。2016年，在全省37家上市企业中，中文传媒盈利水平居第二位，行业地位也处于全国同类上市企业第二位。

2016年智明星通荣获第六届中华优秀出版物奖正式奖并入选"中国原创游戏精品出版工程项目"。2015—2016年，智明星通分别实现海外收入29.80亿元、45.60亿元，"走出去"成效显著。2017年，智明星通位居AppAnnie中国出海全球收入十大公司榜首和全球52大发行商排行榜第16位；在Google与WPP联合发布"中国企业出海品牌30强"中位列第四，智明星通将形成"精品游

---

① 李艳琴：《"互联网+"背景下出版传媒企业并购绩效探讨——以中文传媒并购智明星通为例》，《财会月刊》2017年第14期。

戏+研运平台+投资业务"的业态格局。

第三节 转型升级中的出版企业战略分析

一 中文传媒的新媒体战略

2016年,中文传媒市值位居中国上市公司市值500强第389位,全国同业出版传媒上市公司第2位,进一步巩固了在出版传媒上市公司中"三驾马车"地位。同时,2016年中文传媒净利润高达12.95亿元,在江西上市公司中位列第2,其盈利能力稳居江西第一方阵。

从营业收入结构上看,自2013年以来,中文传媒致力于"控规模、调结构、提质量、防风险、增效益",取得了预期成效。毛利率较低的物资贸易业务已从2013年营收占比58.57%下降到2016年的15.09%;新媒体新业态则从占比1.11%提升到32.82%,从而使公司净利润提升了51%,效果显著。如图6-2所示。

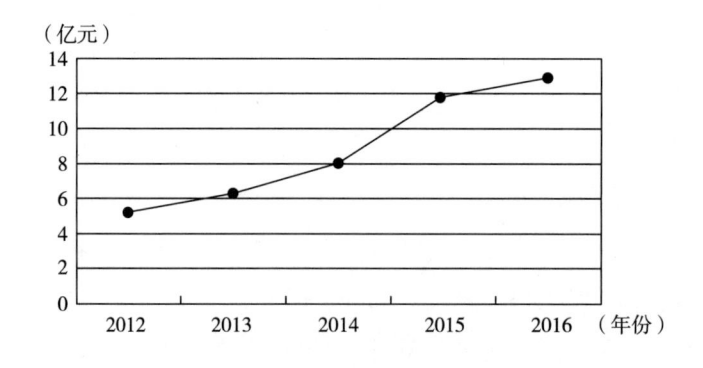

图6-2 中文传媒近五年净利润对比

2016年中文传媒的新媒体新业态收入取得接近48亿元的收入,如表6-1所示。但在这个数据的背后,基本是由智明星通贡献的,转型升级的任务依然艰巨。"有转有升、有进有退、有合有分、有加有减",还未取得重大突破。首先,报刊、印刷等传统产业转型升级依然缺乏有效的战略举措。其次,数字出版在技术和资源上缺乏关键支撑。最后,新业态存在智明星通一枝独秀的现象,其他公司收入基数仍然太小,缺乏爆发式增长的基础。纵观其他传媒公司一些处于领先领域的布局策略,中文传媒需要借鉴和学习。

表6-1　　　　　　　　2016年中文传媒新业态营收构成

	收入（亿元）	占主营收入比重（%）
智明星通	47.38	32.07
新媒体公司	0.31	0.21
艺术品公司	0.51	0.35
手机台	0.05	0.03
艺融民生	0.09	0.06
东方全景	0.14	0.09
合计	48.48	32.81

资料来源：《中文传媒年报（2016）》。

出版传媒板块近几年来已形成以中文传媒、中南传媒、凤凰传媒为代表的第一方阵。中文传媒虽然在互联网并购中占得先机,但与传统主业的融合尚有差距。与行业标杆相比,依然有不小的差距。在数字出版领域,与中南传媒和凤凰传媒还有较大的差距;在传统主业板块的发行出版已步入缓慢增长期。2016年,在传统出版主业中,中文传媒以25.16亿元位列第三,但在发行收入分类当中,中文传媒的发行收入已经位居第六,距离中南传媒的84亿元、凤凰传媒73亿元的差距在1倍以上。中文传媒的发行收入在行业尚需努力才能找到位置。新业态的游戏收入,中文传媒以48亿元位居第一,凤凰传媒以6.52亿元位居第二,从整个出版传媒板块的数字转型升级调整结构的效果看,中文传媒已位于前列,虽然整体收入可观,但是数字出版的各项业务发展并不均衡,只有手游业务是其主要利润来源，与传统出版的融合还有很长的一段路要走。同时，中南传媒的数字出版和金融服务已经开始发力，分别贡献收入 5.38 亿元和 2.85 亿元，远远高于中文传媒。

根据前章对三家公司竞争力评价指标的分析，从总体毛利率可以看出，中文传媒（39.29%）低于中南传媒（41.21%）位居第二，凤凰传媒（37.37%）位居第三。新业态中的游戏业务毛利率中文传媒与凤凰传媒差距不大。中南传媒的金融服务毛利率较高为52.93%，数字出版毛利率为 29.02% 与传统出版毛利率接近。由此可见，中文传媒并购智明星通这一新媒体战略，是中文传媒竞争力近三年来提升速度较快的主要因素。但从出版的社会效益方面来看，还有一定程度上的欠缺。

二 凤凰传媒非相关多元化投资战略

通过多品种、多渠道的多元化战略不断地扩大企业规模来获取更大的利润是企业经营的普遍特征[1]。20 世纪 60 年代后，美国、日本、韩国等国家的出版企业较多地采用多元化战略来扩大企业的规模从而增强企业的竞争力，同时也给企业带来了更高的收益[2][3][4]。在我国现有的出版集团中，凤凰出版传媒集团涉及的非相关多元化业务是相对较多的，其涉足领域包括酒店物业、地产、金融等。依照凤凰传媒现涉及的行业结构来分析，其发展战略属于相关多元化发展战略与非相关多元化发展战略相结合。凤凰传媒的传统主营业务为图书出版及音像制品的出版、发行及文化用品销售。其中，在江苏省内占绝对优势的教材出版发行业务一直是凤凰传媒稳定的盈

---

[1] 齐峰：《出版集团多元化经营需厘清的认识及战略取向》，《编辑之友》2009 年第 10 期。

[2] Hugger A. S., "The Impact of Electronic Commerce on the Publishing Industry", *Journal of Information Science*, 1999, 28 (4): 275 - 284.

[3] Tijssen R. J. W., et al., "Scientific Publication Activity of Industry in the Netherlands", *Research Evaluation*, 1996, 6 (2): 105 - 119.

[4] Zhao Y., et al., "Business Strategy Analysis for an Advertising Service Supply Chain: A Study with the Publication Industry", *Journal of the Operational Research Society*, 2017, 68 (12): 1 - 9.

利来源，但随着江苏省内人口红利逐年下滑、国家对教材循环使用的提倡，省内出版发行业务的收入已呈现平稳的态势。

因此，通过多元化发展来保持主业的持久发展活力，成为凤凰传媒非相关多元化投资战略部署。而这种产业布局引领了国内出版集团发展的一种潮流，多数集团希望将产业规模快速做大，形成新的规模效益。因此，实施多元化经营，变成了其战略选择[1]。

目前，凤凰传媒在酒店、地产、金融等非相关产业合计有十余家企业，酒店物业板块包括两家国内公司和一家国外企业。国内的企业为江苏凤凰台酒店有限公司和北京凤凰苏源大厦有限责任公司。国外的企业为2013年10月在英国开业的凤凰国际艾坪酒店。地产板块包括江苏凤凰置业有限公司、江苏凤凰国际文化中心。凤凰传媒将自己下属的地产公司定性为文化地产企业，以经营地产获得的收益来壮大文化、出版的发展，从而获得利润、文化双丰收。例如，凤凰传媒从2009年开始陆续支出上亿元资金用于建设书城和购置土地购买房产，旗下的凤凰置业房地产公司以"筑造城市文化标杆"为目标，将文化主题落实到地产开发中，以"文化地产"发展战略，探索新的产业发展方向，创立独特的文化地产开发模式，立足南京，发展江苏，辐射华东，以期打造一流的文化地产开发项目[2]。

但文化地产模式存在的争议颇多，例如，凤凰传媒和凤凰置业共同合作的文化Mall项目，既可以说是图书发行网点业态延伸升级方面的规划，也可以说是公司打造全媒体产业链计划的组成部分。舆论倾向凤凰传媒以文化产业的名义低价拿地，而且由于2013年7月凤凰传媒唯一较为具备实力的外来投资方弘毅资本抛售清空股份撤离，以及2013年和2014年在文化Mall项目上陆续投入了近三十

---

[1] 朱静雯等：《产业链演化视域下的凤凰传媒投资战略研究》，《现代出版》2017年第1期。
[2] 《凤凰置业领跑文化地产助力新型城镇化建设发展》，新华网，http://news.xinhuanet.com/house/nj/2013-09-24/c_117490744.htm。

亿元资金，由此带来的资金压力导致近几年来总资产不断上升的同时，利润总额的增长幅度较小。

通过近年来凤凰传媒的年报可以看出，公司在全媒体数字化方面通过网站、手机移动终端等跨媒体平台，开发出电子书包、手机报、学习软件等产品，但是这些数字化业务都没有给公司带来明显的效益。对于数字化的内容，各区域出版集团同质化明显，而且数字化项目获利周期较长，所以目前很多项目都处于搁置阶段。

综上所述，并结合前章的分析数据可以看出，凤凰传媒在这几年的营业能力虽在稳定上涨，但从近五年来竞争力灰色关联得分的均值来看，凤凰传媒的竞争力明显落后于中文传媒和中南传媒。凤凰传媒的利润总额虽有增长，但是增长的幅度较小，甚至在2015年的时候出现回落，如图6－3所示。一来是由于金融危机对金融行业的冲击使金融板块的业务发展平庸；二来是因为一些资金的高投入尚未获得明显的利润反馈。由此可见，金融板块物业发展的缓慢与地产板块的资金支出对利润总额的影响，足以证明这些非相关性行业在收益方面举足轻重的地位。

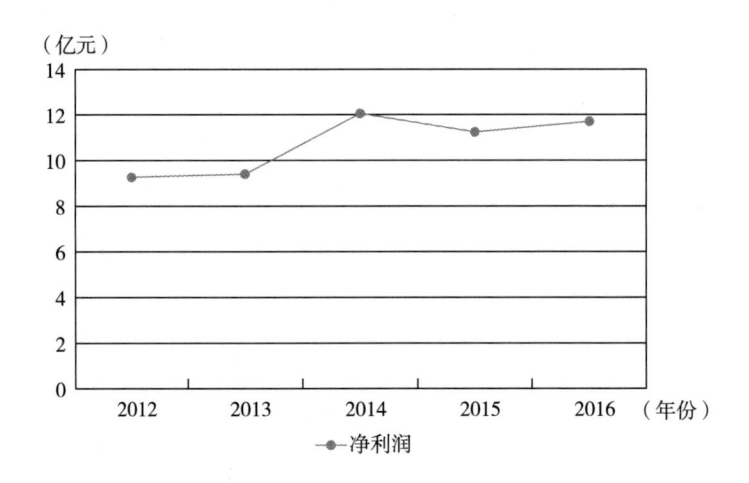

图6－3 凤凰传媒近五年净利润对比

资料来源：《凤凰传媒年报》（2012—2016）。

出版集团的多元化发展在出版界一直是一个备受争议的话题。从凤凰传媒的实践来看，有实力的出版集团的确可以通过多元化发展战略来为出版主业提供资金支持，从而避免主业的发展遇到有规划却没资金的尴尬局面。然而，凤凰传媒的发展实例虽然可以给其他出版集团提供借鉴，但部分实力不足的小型出版企业如果盲目地进行多元化发展，则有可能使自身的主业模糊，从而失去自身的发展优势，失去发展空间。即使是实力如凤凰传媒，由于过多投资在文化地产项目上，同样导致收益受损。因此，能对主业产业积极影响的非相关多元化战略只适合于在出版主业上拥有大量的资源优势且有相对完备的战略规划的企业，而多元化经营是否一定能带来预期的规模效益，还需要审时度势，认真分析，理性实施。

总体而言，凤凰传媒在跨媒介方面的发展意愿并不明显，依旧是偏向线下思维，尤其是文化地产等方面的非相关多元化投资战略，但目前看来，收益并不明显，对比中南传媒和中文传媒，反而竞争力得分较落后。

三 中南传媒的国际化经营战略

中南出版传媒集团是我国第一个全产业链上市的出版传媒集团，不论是版权输出还是与国外出版企业合作，都独创新路，取得了颇多的成果。近年来按照"国际化视野、产业化目标、专业化水准"的战略思路[①]，在进一步加大产品"走出去"的同时，积极推动了资本"走出去"，通过搭建文化产业的国际化桥梁，逐步拓展和延伸了海外文化输出的规模和领域。

出版企业靠单一的优势走向国际化经营之路很难产生深度影响力，为求改变这一状态，中南传媒凭借自身的实力探索出一条新路，便是谋求合作。因此，中南传媒积极加强与国际知名文化出版企业和国外运营商的合作，以广泛合作的模式，以"走出去"的形式，拓展其国际化经营之路。

---

① 吴高强：《中南传媒发展战略研究》，《企业家天地》2012年第9期。

(1) 与国外企业合作，探索全方位、立体化的国际化经营方式

中南出版传媒集团积极推进与国际知名出版传媒企业的深入合作，同时，通过资本合作的方式推动新产品的研发、新平台的搭建。利用相似的文化背景，加强与亚洲出版企业合作；与西方发达国家的出版企业合作，充分发挥自身优势。比如，集团先后与德国索特音乐出版集团、日本角川集团、韩国阿里泉株式会社、美国麦格劳希尔教育出版集团、圣智学习集团、法兰克福书展以及培生教育集团等国际出版机构开展深入合作。实现了海外合作方共同策划、立项、开发电子出版物项目，而且通过多媒体、互联网等多种载体开展汉语教学产品的研发。

2015年，与全球第一大教育集团——培生集团在基础教育教材辅材、数字教育产品及国际教育等方面展开了深度合作；2017年集团又与法兰克福书展IPR在线版权交易有限公司进行了合作，将以入股IPR公司的方式，将IPR平台引入中国，弥补国内出版界在线版权交易领域的空白。

(2) 发挥内容优势，联合渠道运营商，搭建数字产品国际平台

2011年，集团与深圳华为技术有限公司通过组建合资公司的形式，联手对新媒体公司天闻数媒进行了增资重组。该项目涉及的国家和地区包括巴西、阿根廷、智利、印度尼西亚、加纳等，是目前我国覆盖国外用户最大的新闻产品网络，联合了亚洲、拉丁美洲、欧洲的十余个运营商平台，使国内原创内容资源能够同时面向世界多个国家和地区，数字版权通过"走出去"的形式给企业带来切实赢利。在中南传媒深厚的内容积淀及内容策划生产实力的基础之上，利用华为的技术力量及遍布全球的运营商通道，找到了一条进入数字阅读市场的"绿色通道"，打造了一个面向全球用户的专业数字出版与运营平台，推动了我国海外在线教育的步伐，成了当前我国文化为境外受众服务的最大项目。

国际化是每一个想要做大做强的企业所必须面临的，但是对于国内的出版企业来说，走向国际市场是有很大风险的，区域出版企

业完成转制改革的时间不长，市场化程度整体不高，跟国外出版机构相比还有一定的差距，而且国内外市场本身存在很大的差异，因此有些出版单位在海外的拓展事业遭遇失败。但是，"中南传媒"敢为人先，逐渐探索出一条国际化经营道路，并取得了成功。这与其先进的指导理念、注重内容生产，积极与海内外出版企业和运营商进行全方位的合作密不可分。在这一系列发挥内容生产商的优势，与渠道运营商强强联合，搭建数字产品的国际平台；开发优质产品，响应"一带一路"倡议等举措下，中南传媒的净利润在近五年来得到了显著增加，如图6-4所示。

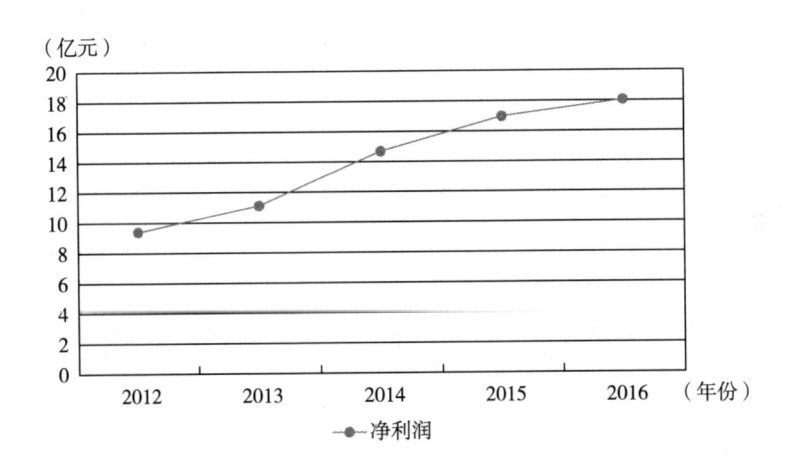

图6-4 中南传媒近五年净利润对比

资料来源：《中南传媒年报》（2012—2016）。

对于区域出版上市公司来说，在全媒体时代，是选择专业发展还是多元化发展，是所有出版企业要面对的难题，究竟要不要把"鸡蛋放在一个篮子里"也是区域出版集团发展过程中都会面临的问题。中南传媒选择以出版为核心，严格控制在出版传媒产业主营业务领域的发展战略，坚守出版主业，无论是资金还是投资项目都向出版主业倾斜。并且在坚守主业的同时，实施的国际化数字出版合作战略，带来的是中南传媒利润年均增长近20%，市值居出版上市公司首位，连续九年入选全国文化企业30强，源于其始终把社会效益放在首位，始终坚守出版主业，保持战略导向不变，深入全媒体发展；需要推进资源聚焦，把资金和项目向主业集中；需要强化统筹引导，对导向管理、内部资源进行整体安排。只有把主业做好，才能出更多的精品力作，才能更好地传承文化，实现社会效益和经济效益的双赢。中南传媒正是因为坚守主业、注重社会效益的发展思路和实践，才会有在近五年里赶超我国最大的出版发行企业凤凰传媒的显著成绩。

第四节　本章小结

第一，本章通过对处于出版产业第一方阵的江西出版集团新媒体战略模式、凤凰传媒的非相关多元化投资以及中南传媒的国际化经营战略的个案分析指出，出版企业各自的核心竞争力有所差异：中文传媒并购智明星通，在手机游戏类新业态出版中获得的收益成为其重要的利润增长极，但呈现单一化；凤凰传媒将下属的地产、金融公司的经营收益来壮大出版业的发展，从而获得利润与文化双赢；中南传媒旗下的天闻数媒致力于打造B2B2C模式的新型教育生态圈，其优势在于作为一个平台公司，提供整体解决方案，提供了多元化的在线教育服务，形成以在线教育、在线出版、在线文化金融等为核心的产业集群，并取得了较好的成绩。

第二，中文传媒的传统主业与新媒体的融合与凤凰传媒和中南传媒相比，尚有差距，由于手机游戏业务虽然使近两年来公司的利润得到客观的增长，但在出版的社会效益方面缺乏一定的影响力；凤凰传媒的一业为主、多元发展，并主攻文化地产的投资战略近年来后劲不足，缺乏一定的发展潜力；中南传媒坚守主业，在数字教育产业链延伸方面取得的成功以及国际化的战略思路，带来的是中南传媒利润年均增长近20%，市值居出版上市公司首位。

第三，由此可见，将教育与科技、出版的深度融合应用，通过教育大数据分析工具，挖掘新的需求，不断创新新型教育与教学模式，打破教育区域间不平等现象，构建开放健康的数字教育生态系统，探索"互联网＋教育"的创新运营模式，促进教育优质资源的均衡发展，从而使出版集团的经济效益与社会效益实现最优化，对各区域出版集团而言，具有借鉴意义。

第七章 基于提升竞争力的江西出版产业发展路径选择

出版产业是文化产业的重要组成部分,其竞争力的强弱直接关系到江西经济发展和文化软实力的提升。借助出版产业竞争力评价指标体系的构建和具体实证的开展以及具体实例的分析,通过质性研究、量化的结果衡量和检验江西出版产业竞争力水平,为找到有效的竞争力提升路径提供参考。从前面围绕评价指标体系和评价模型对区域出版产业竞争力进行的横向区域比较、纵向历时性测评和制约因素的分析来看,虽然目前江西出版产业竞争力呈提升态势,具有良好发展前景,但因受到产业资源基础薄弱、创新能力不强、复合型人才欠缺等内部制约因素以及社会效益优先不足、政府行为不够完善等外部制约因素的影响,其总体水平还是较为有限,与江苏的总资产规模、湖南的数字化进程对比还有一定差距。

本章基于全媒体视角并针对区域出版产业竞争力提升的阻滞因素,结合区域出版企业财务指标的分析以及竞争力实证分析结果,提出江西出版产业发展和管理的思路,借鉴同属中部地区的湖南模式,着重在政府行为目标、全媒体深度整合、优化产业盈利模式和企业的可持续发展四个方面提升竞争力,实现跨越发展。

第七章
基于提升竞争力的江西出版产业发展路径选择

第一节 政府行为目标

作为区域出版产业竞争力的构成要素之一,地方政府本身虽然不能帮助产业或企业创造任何竞争优势,但它可通过行政、法律等方面的宏观措施为产业及产业内企业的发展提供基本保障与巨大动力,进而影响产业及企业竞争力[①]。正如前文所述,地方政府对于提高出版产业竞争力起着至关重要的作用,即政府的适当介入有利于产业环境的改善并防止出版市场本身的缺陷对产业竞争力提升的阻碍和抑制。而从江西出版产业竞争力的现实水平看,它之所以难敌出版强省,除了与江西经济发展水平、文化软实力水平及政策环境等外部因素密切相关外,产业自身实力不足,资源基础薄弱、企业规模不足也是导致与其他强省存在差距的重要原因,同时在企业管理、数字化转型、产业组织结构等方面也还需进一步加强。从深层次分析,江西出版数字化发展滞后和竞争力不足的根本在于经济文化发展水平没有从根本上得到提高。

因此,作为区域产业发展的宏观规划者与环境塑造者,地方政府提升出版产业竞争力工作重心应放在进一步深化改革上,完善全方位的创新制度建设,最大限度扫除产业发展的体制和机制障碍,彻底解放和发展出版生产力。具体来说,根据江西的实际情况,地方政府应通过深化体制改革、加强法制建设、完善政策体系、提高文化开放水平等方式逐步实现并优化自身对产业的调控、监管、扶持、驱动功能,完善政府行为,为江西出版产业竞争力的提升提供良好的外部环境与潜在动力。

一 完善产业政策体系

数字出版产业是新闻出版业的新兴增长点和战略性产业,从传

[①] Huang X. R., Huang X. X., "On the Theoretical Model of Publishing Industry International Competitiveness", *Science Technology & Industry*, 2013.

统出版到数字化的升级,国家和各地方政府出台的一系列的相关政策和指导意见起到了至关重要的作用。而数字出版产业整体收入规模持续上升,很大程度上得益于政府的布局①。从地方政府布局政策来看,主要通过区域出版产业发展计划的制订和实施来确定该地区出版产业的比较优势和竞争优势;地方政府通过对出版企业经营行为的具体干预,从而促进企业布局合理化。

我国数字出版产业政策发展历程较短且政策体系不够完善,国家及各级地方政府要逐步引导产业布局的规范化,并在财政上给予创新创业型产业扶持和优惠,对产业的市场监管及相关法律法规建设不断地加强与完善,最终形成一套系统的、完善的数字出版产业促进政策体系,为区域数字出版产业的可持续发展提供良好的政策环境。

同时,由于我国区域发展不平衡的特点,区域政策的发展水平也有所差异,东部地区出版政策发展水平明显高于其他地区,中部地区的出版政策体系相对不完善。因此,针对江西地区的出版产业,地方政府应提高政策统筹性与可操作性,填补欠发达地区的政策空白,确保政策实施的落地等措施是完善江西出版产业政策体系建设的关键。

二 促进国际文化交流

江西省出版产业在目前的出版产业发展形势下,需要大力发展涉外出版产业,积极参与国际出版竞争,实施出版产业"走出去"战略。地方政府应当发挥宏观调控和推动作用,利用地域优势,大力支持和鼓励出版产品的出口,同时出台并完善对外出版贸易的配套政策,充分利用网络、软件、通信技术等高科技新载体,重视区域出版的产业规划,尤其是国内外在文化价值观、意识形态等方面存在的差异,通过区域出版"走出去",促进中外文化交流。

---

① 魏静:《数字出版产业的现状、挑战与发展对策》,《经营与管理》2017年第12期。

在我国"一带一路"倡议正确引领下,我国的基础设施建设企业在"走出去"方面取得了不少新成果,给出版企业"走出去"提供了一定的经验与启迪。江西出版企业需以自身的独特优势为基础"走出去",建立并形成相对于输出国和竞争国的自身优势与核心竞争力,始终坚持文化自信,以文化思想战略为引导,输出具有中国特色的数字出版物,在版权、资本、机构等方面努力实现"走出去",促进国际文化合作交流。

江西数字出版"走出去"整体现状弱而散,而要改变这种现状,提高自身的核心竞争力,并在国内市场竞争中占据一定的优势地位,关键就在于形成规模效应,在当今时代中,单兵作战已经无法满足经济增长的要求,不论是持续性、风险水平还是成本效率等多方面,都将处于不利地位。数字出版企业要认识到,拥有类似资源的企业之间应展开深入的合作,通过协作方式提高资本优势,进而形成强大的竞争力。特别是大型企业,要实现"走出去",就必须积极调整其国际市场扩展思路,如在资金方面的倾斜力度等。

针对数字版权企业的发展需求以及"走出去"战略的实施要求,政府需要进一步加大在政策引导、团队建设以及资源整合等多方面的扶持力度。作为主管部门,可以成立专项的输出协调组织,通过专业化的培训来提高数字版权企业的技能,引导数字版权产业逐步走向规模化。此外,还可以举办国际化书展之类的活动,引导本省数字版权企业与国外优秀企业进行友好的交流互动,学习他们的成功经验。除此之外,对于现有的或是计划中的数字版权基金等项目,政府需投入更多资金与资源来加大扶持力度,促使项目高效完成。对于中小型的数字出版企业,除了鼓励其积极创新之外,也需要给予一定的资金支持,如优惠税政或者是资金补贴等,促使其加速成长。

三 规范数字出版管理标准

数字出版管理标准作为国家新闻出版总署首要解决的问题,一定要符合市场和社会经济的发展需求,必须经过专家的充分论证。

首先，根据数字化出版产业链涉及的利益主体，在标准规范制定中需要传统出版的内容提供商、数字出版的技术提供商等多方参与和协作分工，适当提高传统出版单位在产业链中的优势。其次，为了适应市场规律和满足客户需求，标准的制定需要开展大量的调研和专家咨询，需要充足的经费作为保障，一方面地方政府要加大标准研究经费的投入力度，另一方面获得行业内实力比较强或自愿参与的企业资金支持，保证制定的规范标准能实现产业链相关主体的利益均衡[①]。

地方政府对出版行业的监管方式必须从传统的"行政化管理"转向"市场化管理"，对国有出版企业的监管方式从"行政监管"到"资产监管"，江西出版市场的成熟和完善程度，和其市场发展状况紧密相关。在出版产业化、市场化的条件下，单一的政府行政手段的管理调节作用已经不适应新常态下的产业需求，迫切需要出版管理从依靠行政手段转向依靠经济和法律手段。首先，必须加大政府引导，深入推动出版产业的体制改革，制定符合当前江西出版产业的实际情况，又具备战略性的指导纲要；其次，政府要优化产业资源配置，打破行业门槛，引导并鼓励传统出版企业与高新技术企业展开更深层次的合作，为加速江西出版产业的发展提供政策支持。

目前，政府逐步意识到出版市场的监管存在漏洞，先后出台了《中华人民共和国著作权法》《出版管理条例》《印刷业管理条例》《电子出版物管理规定》等一系列法律法规，强化属地管理和层级管理，把出版市场监管的主要责任，分别落实到基层和当地，积极推进各项制度的落实，建立体现出版特性的政策法规体系，使出版市场向长期常态监管的根本改变。因此，地方政府将行政、法律、经济手段并用，才能有效促进江西出版产业的长足发展。

---

① 陈美华、陈东有：《"纸媒"到"全媒"：数字技术影响下出版业的转型》，《江西社会科学》2016年第3期。

四 构建数字版权保护系统

良好的出版环境既是对作者个人合法权益的保护,也是江西数字出版行业发展的保障。首先,建立健全数字出版产业法律法规体系,提高我国现有的四项法规执行的监督,实施分级分类管理制度和著作权集体管理制度。其次,加强版权保护的宣传,催化大众对数字出版的认知过程,专业出版社通过举行职业资格考试,培养在线教育和在线培养的"粉丝";通过二维码、网址等信息印刷上书,培养读者在线阅读的习惯;或通过发布会、职业培训等方式培养群体和个人用户,还可以通过行业媒体、行业会展等进行广泛宣传。

数字化信息方便复制的特性使版权作品容易被低成本快速广泛传播,形成数字盗版泛滥的严重问题。数字版权保护系统致力于有效地控制数字版权作品的合法传播和使用。数字指纹技术可用于对数字版权进行确权;数字水印技术可对数字版权作品进行授权传播和使用;区块链技术可对数字信息确权和授权的过程进行追溯和确认。系统综合采用上述技术,从多维度上提供高效和便捷的解决方案,以应对数字版权保护、传播和使用各环节的问题,可简化数字版权确权和授权的流程,降低版权保护成本,提升使用效率,有效实现数字版权的受控传播。

在应用层面,平台除了提供集成版权申请、授权申请和使用申请功能的专用客户端外,也支持浏览器和 Office 等通用工具对数字版权作品进行访问。用户提交版权登记申请时,平台的数字版权价值评估服务为用户提供定价建议,并通过数字指纹服务确定数字资产的唯一权属。用户提交版权使用申请时,平台通过数字水印服务签发带有使用权限、范围和时效信息的数字作品拷贝。版权认证信息和版权授权信息都会发送到区块链网络中,区块链网络对数字信息的使用提供一个高可用去中心化的基础支持,如图 7-1 所示。

五 加大政策扶持力度

要加快数字出版产业的成长脚步,就必须尽可能降低行业的准入门槛,扩大产业边界,通过产业融合来整合资源,完善数字出版

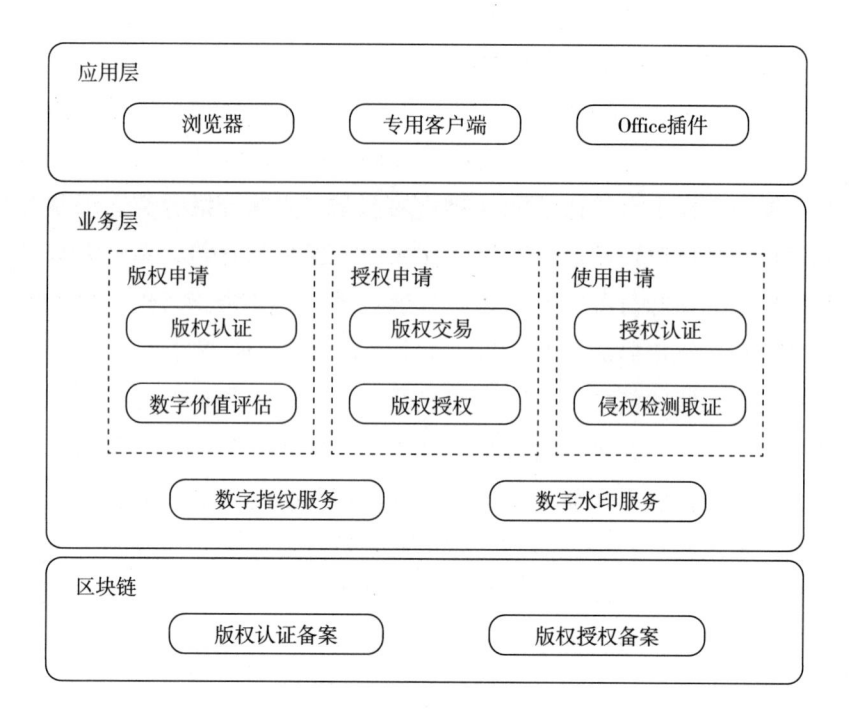

```
┌─────────────────────────────────────────────────┐
│ 应用层                                           │
│   ( 浏览器 )    ( 专用客户端 )    ( Office插件 )  │
└─────────────────────────────────────────────────┘

┌─────────────────────────────────────────────────┐
│ 业务层                                           │
│  ┌─────────┐  ┌─────────┐  ┌─────────┐          │
│  │版权申请 │  │授权申请 │  │使用申请 │          │
│  │(版权认证)│ │(版权交易)│ │(授权认证)│          │
│  │(数字价值│ │(版权授权)│ │(侵权检测│          │
│  │ 评估)   │ │          │ │ 取证)   │          │
│  └─────────┘  └─────────┘  └─────────┘          │
│     ( 数字指纹服务 )    ( 数字水印服务 )         │
└─────────────────────────────────────────────────┘

┌─────────────────────────────────────────────────┐
│ 区块链                                           │
│     ( 版权认证备案 )      ( 版权授权备案 )       │
└─────────────────────────────────────────────────┘
```

图 7-1　数字版权保护系统架构

产业链。首先，政府应当加大对社交媒体、电商平台以及大数据公司等企业的支持力度，引导本地企业充分调动现有的资源与优势，加入到数字出版市场之中。引导数字出版商与这些企业之间建立合作关系，共同推广数字版权产品，进而逐步打通数字出版市场，扩张市场规模。其次，政府应当加大对数字出版企业的扶持力度，引导企业积极调动现有的资源优势来完成数据库的构建，然后基于数据库通过数据挖掘来进一步整合省内外数字内容资源，并通过交流互动平台来提高数字内容的共享效率；此外，数字出版企业也需要通过不断的科研创新来提高自身的竞争水平。最后，地方政府应当加大政策扶持的力度，完善政策扶持、资金保障、企业主导、市场需求为目标、出版产业与高新技术产业相结合的出版创新体系，增强数字出版产业自主创新能力，提高数字出版科技推广与成果的转化效率，对于那些符合国家政策要求与标准的技术成果转化项目，可以享受到一定的政策优惠,如减税免税等。这些措施都将有利于在产业融合环境下的江西出版业市场化转型,进一步完善出版产业链。

六 深化出版产业体制改革

制度创新是技术创新的保障,技术的融合要以制度的融合为先导。因此,江西出版业要想在数字出版领域取得领先地位,就必须积极调整当前的出版产业政策。2015年4月,国家新闻出版广电总局和财政部联合发布了《关于推动传统出版和新兴出版融合发展的指导意见》,其明确指出传统出版单位可以通过跨地区、跨行业以及跨所有制进行重组,来建立实力强大且具有长远影响的新兴出版传媒集团,并鼓励和支持这些企业的上市融资,促进金融和社会资本的融合。目前,中文传媒已经向全媒体转型,并在A股成功上市。数字化发展促使江西出版产业面临着传媒的体制转轨和形态转轨的"双轨"变革。首先,体制转轨是指将原来的事业单位转变为独立经营、自负盈亏的企业单位,也就是"转企改制";其次,形态转轨就是全媒体转型,要以多元的传播形态构建新的出版产业链。在发展过程中,这两种变革的转轨是相互推动、相互促进的,形态转轨有助于推动体制转轨,体制转轨则为形态转轨提供有力保障。但是当前的发展环境对江西出版全媒体的产业优化升级尚存诸多阻断,必须破除传统媒体的体制弊端,加快体制转轨与改制。另外,出版产业的全媒体化转型是媒介的融合,是"跨媒体、跨行业和跨区域"的必然选择,但是媒介的融合要通过体制的换轨来实现,只有这样才能从根源上解决问题,才能更好地发展出版行业,并为其赢得更大的发展空间。

第二节 全媒体深度整合

中文传媒对智明星通的收购,跨出了与新媒体融合的关键一步,但对江西出版产业全媒体化来说,这还远远不够,需加快文化与科技的融合步伐,借鉴湖南数字化教育模式,实现全媒体出版的深度融合。

一 延伸全媒体出版产业链

传统出版业主要是由"出版—印刷—发行—广告"四个环节组成的,数字化转型后使产业链发生了较大变化,主要表现为三个方面:一是使传统报纸的上游产业的地位被弱化,主要原因是数字化的采集、编排和运营代替了传统的纸张印刷设备。二是使传统出版的下游发行从新的产业链中脱离,主要原因是数字化的发展依靠多元化的传播渠道,改变了传统出版业的单一发行现状。三是全媒体提供的跨行业、跨领域的内容也推动了新型的产业链向其他领域的延伸。总之,媒介融合打破了产业之间的界限,新型的产业链进行了融合和合并,形成了纵横交错的"产业网",所以要重新整合全媒体产业的价值链以及价值链的整合营销。首先,构建以数字化出版为核心的全媒体出版产业链。由于新闻出版产业注重数字化的出版,而数字化出版产业链的整合必定会带来出版发行行为的网络化,进而带来资金的聚集和技术的创新。除此之外,出版产业具有丰富的内容来源,恰好全媒体的发展和经营需要的就是统一的内容资源,再将其改编为其他的形式。因此,中文传媒的数字出版产业应该主动和广播、电影、电视以及报纸、杂志、网站进行联系,共建全媒体出版产业链,来实现数字出版资源的文化传承和经济利益的统一。但是,产业价值链的延伸也会影响盈利模式。目前区域出版产业全媒体转型主要从以下两个方面来进行盈利模式的优化和重构。一是内容可以从共时性和历时性层面进行多次销售,由原来的"二次销售"转为"N次销售";二是改变以前单一的"发行"和"广告"的低端赢利点,转向高端多赢利点的数字增值业务,实现产业的全方位、跨媒体的运营[①]。

---

① 陈美华、陈东有:《全媒体出版产业发展的现状与对策研究》,《南昌大学学报》(人文社科版)2016年第2期。

综上所述，江西出版集团应加强对新兴科技新业态探索。其中包括：利用新兴技术，进一步探索 VR 技术下的教学产品和游戏产品的研发；强化内容资源的立体开发，提高出版资源 IP 转化率；推动新媒体公司、手机等企业与科技深度融合。

二　建立全媒体整合数据库

整合全媒体出版业的内部资源，建立内容资源数据库。数据库的建设有利于出版产业的整合和全媒体化发展，主要表现在两个方面。一是有利于出版产业实现对包含内容和客户资源在内的出版资源的整合，为出版产业的进一步深入发展奠定基础。二是有利于进行营销策略的制定，通过出版业成熟的发行渠道能够得到丰富且完整的读者数据库的信息，然后根据这些信息提供针对性服务，为读者提供专业化的定制服务。通过数据整合，以"新闻出版产业物联网技术应用实验室"为依托，加快由实验室应用转向实景应用。大力发展中文传媒旗下的江西新媒体协同创新体，全面布局"互联网+教育"，推进互联网阅卷、电子书包等业务。

三　打造线上线下一体化的全媒体平台

"全媒体"最讲求的是"全"，因此，需注重线上线下全面发展，协调统一。当纸媒业绩下降成为一种趋势，则需要新媒体用创意推动出版产品价值最大化。借助线下媒体内容生产和传播优势与线上媒体平台和互动优势，推进线上媒体与线下媒体融合发展，打通与读者信息交流的新渠道，构建出版新格局。

一是继续完善江西出版集团网站建设。严格落实数据发布和信息发布制度，保障网站各栏目信息更新量丰富，更新时间及时，更新内容准确；通过盘点关注度高的网站专栏栏目，汇总信息点击量，筛查用户关心的热点指标，结合科学的定量分析，创新信息解读方式。积极探索微媒体宣传模式。深入研究移动技术对出版的重要影响，对微博微信建设进行专题研究，同时，定期举办类似读者见面会的沙龙进行线下积极的互动。

二是自建全媒体平台，重点在于将江西出版集团旗下传统纸媒拥有的固定读者群吸引进来，先巩固现有读者群，再通过宣传推广来进一步拓展线上读者群，由此提高江西全媒体出版品牌知名度。比如，可以在中文传媒微信公众号内搭建，也可以是独立的APP，由读者选择，但不管是哪一种，系统都有对应的模板供读者选择，读者只需根据模板提示进行产品操作和功能设置，简单便捷。另外，还可提供读者免费体验渠道，以复合式营销和体验式消费共同推进江西出版的全媒体建设。

第三节 优化产业盈利模式

中文传媒作为一家国有出版传媒企业，它同所有出版上市公司一样，主要收入来自教育出版和发行，这是取决于主营业务的特殊性和企业本身性质。但是，中文传媒毕竟还是一个综合性的出版传媒公司，必须要改变传统出版产业依靠教材教辅单一化盈利来源的现状，优化产业盈利模式。

一 轻资产重现金流运营模式

根据前面实证分析中的企业偿债能力指标中现金比率在出版产业竞争力评价中所占比重较大，结合凤凰传媒和中南传媒的竞争力评价得分，可见如果没有资金的支持，资产总额再高，企业的利润水平也无法提高。相关出版企业都可以借鉴和参考凤凰传媒重资产和中南传媒轻资产的经营情况，就可以凸显出轻资产营业模式的优势。因此，中文传媒可以选择性地借鉴中南传媒的数字化发展道路和轻资产运营模式，然而再融入具有自身特色的企业符号，充分发挥自身无形资源，实现企业的价值。此外，在保证利润不断增加的前提下，大力发展业务创新和盈利模式的开发与应用，在产品销售方式上投入足够的关注度，增加企业轻资产实力，实现产业的可持续发展的要求，使企业的运营和盈利水平呈现稳定增长的趋势。

二 构建传统出版和数字出版双赢模式

首先，数字出版的绝对优势在于其出版的边际成本，在数字网络环境中，数字出版的边际成本接近于零，但是传统出版的边际成本是大于零的固定值和增加值，在竞争中传统出版的经济利益处于劣势。所以，传统出版必须在把握自身核心功能以及核心资源的基础上，充分利用数字网络技术来重新构建出版产业链，优化出版业务流程，创新内容表达方式，改变市场营销模式，这是传统出版数字化转型的必然要求。其次，一方面数字出版改变了传统出版内容的生产、传播以及阅读方式，另一方面以内容为核心也是传统出版发展的原动力。大数据和云计算的环境中，新型全媒体出版业态，需要内容与技术的融合，需要媒体之间的融合，需要产品与市场的融合，只有这样才能更好地利用互联网平台，累积更多的读者用户。这是传统出版数字化转型的必然趋势。综上分析，数字出版给传统出版带来的影响与冲击并不是产业之间的竞争，属于同一种产业内部的竞争，是新技术对原有技术的冲击，是新的生产模式对原有生产模式的冲击。也可以说，新的媒介形式的出现并不会带来旧媒介形式的消失，带来的是旧形式转型和发展。在当代，传统出版和数字出版的关系是互动和整合，对于全媒体出版的未来，业界观点各不相同，但是，能达成共识的是在当前数字化传媒时代，传统纸媒必须经过一系列改革转型，寻求突破，将数字媒体、平面媒体、网络媒体等介质有机地结合起来，中文传媒必须借助大数据网络思维，走新媒体和传统媒体联动融合之路，相互依存、相互借鉴、共同发展，促进出版产业的可持续健康发展。

江西出版产业要构建传统出版和数字出版的双赢模式，必须依靠科技和文化创意提高出版产品的附加值，将传统媒体的内容优势和新媒体平台优势充分对接上，例如，中文传媒旗下二十一世纪出版社集团和江西新媒体出版公司，要善于运用创意方法进行营销策划，做到优势互补。

三 提供个性化服务

大数据时代，读者的阅读习惯发生了翻天覆地的改变，传统的纸质出版物已经无法满足读者的需求，依靠销售图书而获得的利润很难维持经营，开展个性化服务是出版产业顺应大数据时代发展的必然选择。例如，在传统实体书店设置咖啡屋、聊天室，以书吧的形式在舒适的环境中以书会友，满足读者的个性化需求，为书店挖掘更多的商机和利润点。通过市场定位、调研、受众群分析，以立体化思维从线上到线下对产品进行包装，来使产品更加迎合市场需求，从而符合读者的需求。旗下新华书店可借鉴诚品书店的复合经营模式，由传统书店转向体验式消费，突破书店分布格局死板的局限性，融入非书商品领域，从以书为主转型为书和生活并存的形态，建立品牌文化，营造用户的文化认同感，以图书内容的多元化为基础，集餐饮、美食、文化创意为一体，以复合式的经营模式，吸引多元化的读者，打造适合各年龄段阅读族群和流动性客群的商业模式。

用户是企业的上帝，个性凸显、体验至上是互联网时代的特征。对区域出版机构来说，能否准确把握用户的个性化需求对自身的发展壮大至关重要。例如，用户只是想购买一本书的其中部分内容，对于传统出版物来说这是无法实现的需求，可以通过互联网出版物，让用户可以按需购买，这不仅不会影响数字出版机构的利润，反而会因为其个性化及人性化服务带来更多的用户。此外，通过利用大数据及云计算平台，中文传媒旗下数字出版企业可以通过提前了解用户的阅读习惯和偏好，依靠互联网出版独有的优势按需编辑、按需出版，以此来提高效率。

由此可见，出版产业要提供个性化的服务必须依靠科技和文化创意提高出版产品的附加值。

四 培养出版复合型人才

人才是江西出版产业转型发展首先要解决的问题。出版产业是知识密集型产业，数字出版产业更加需要出版与技术的复合型专业人才，人才储备是出版产业保持竞争优势的一个关键因素。虽然江西人才资源相对较为丰富，但随着产业融合成为趋势，创意人才和复合型人才出现短缺，因此，江西需加大人才机制创新，完善人才培养和激励机制，从国内外吸引并挖掘优秀人才。

培养出版产业复合型人才，首先，要建立健全出版产业人才的教育和培训体系。要充分发挥高等及专业院校在培养出版人才中的重要作用，积极创造条件，有计划、有目的地培养一批精通专业技能、掌握管理技巧的复合型人才。政府、本省高校和社会需通过分工合作，建立相应的出版产业人才培训机构，注重出版专业与现代科技交叉学科的设置，开设有关数字出版产业的专业和相关教育课程，积极聘请国内外数字出版方面的专家，将国际前沿信息和技术带入课堂，同时加强出版行业的实习基地建设，探索江西高校与技术企业联合培养模式，理论联系实践将有助于出版人才更好地成长，从而提高从业人员的整体素质。其次，出版社或技术服务商，要建立人才联合培养计划，招聘或引进"高精尖"专业人才，充分发挥专业出版社资深员工在材料整体把控、内容分析等方面的优势和计算机技术人才在存量碎片以及增量碎片资源入库标引管理的优势，打造全能型选手，如华东师范大学出版社的"蓄水池计划"。最后，要突破旧条框，学习并借鉴发达国家和省市出版产业的成功经验，切实加大人才队伍建设，实施江西出版产业人才战略，才能为江西出版产业的跨越式发展提供保障。

第四节 企业可持续发展

对于中文传媒来说，提升自身竞争力是进一步实现自我发展，提升自身价值的必然选择。总的来说，作为产业的微观主体，企业的工作重点在于全面夯实自身实力。尤其在出版产业发展的新时期，企业更应重视资金、技术、人才等资源的开发利用以及自身内部管理、社会责任、文化使命的切实担当和履行，深化内部机制体制改革以及科研创新，强化数字出版产业链的建设与管理，加强传统出版企业与高新技术企业之间的分工协作，完善企业内部机构与运行机制、充分发挥品牌效应、加强资源整合与产业融合、科技融合策略，为实现江西出版产业竞争力的总体提升贡献力量。

一　推进品牌建设

品牌是一个企业产品质量、企业形象、产品价值、价格、知名度、信誉度、服务水准等有形的和无形的内涵与外延的综合体现。然而总体上看，江西出版企业普遍缺乏具有国际影响力与知名度的企业文化或产品品牌。为有效获得国内乃至国际范围内的市场认同与偏爱，出版企业应极力推进自主创新与品牌建设，进一步深化创新意识与品牌意识，有效推动自身走向世界。具体而言，第一，先应对国内外市场进行细分，将其分解为若干个特征各异的子市场，并结合其具体特征展开自身优势品牌的定位与塑造，制定不同的品牌经营与管理策略，有的放矢地展开相应产品的生产及其形象与品牌的宣传推广。如充分利用江西红色文化优势，结合创新思路，避免品牌推广的同质化。第二，借鉴中南传媒成功运作模式，例如，天闻数媒的在线数字品牌效应，对自身已有的优质品牌进行系列化、立体化、国际化打造，充分借助已有品牌效益推动自身走向世界，实现品牌效应以及自身优势的全球化延伸与增值。第三，专业而挑剔的市场客户是产业前进的驱动力之一，能促使企业不断完善及更新产品和服务质量。企业可通过强化自身的市场化程度缓解出版物供求矛盾，深入了解进而科学细分国内外日益多样化的读者需求，通过生产高品质出版物对读者需求进行良性激发和引领，培养出一批内行且挑剔的读者群，为产业竞争优势的形成和强化提供有效的监督和激励机制。

产品的盈利多少是衡量出版产业转型成功与否的重要标志。首先，发挥江西传统出版业的品牌效应，数字出版竞争不仅仅是出版企业的竞争，更是技术企业的竞争，如果传统出版企业没有明确的定位和知名的品牌就不能在行业中持续地生存，必须要结合自身出版资源和实力，寻求与高新技术企业合作，找准读者偏好，明确发展定位，走差异化竞争之路，实现企业特色经营，保证产品质量，培育忠诚读者。其次，建设数字出版平台，发展数据库营销模式，以各类优质的图书或非图书资源充实数据库，通过内容的碎片化重组，形成新的图书或者其他产品，一方面打造畅销产品，另一方面为有特殊需求的读者提供专门服务。此外，可借鉴中南传媒的电子书包业务在国内外的广泛拓展，形成江西独有的品牌项目。

二 强化主业运营

随着计算机通信技术、互联网技术、数字印刷技术等高新技术的不断更新，与出版产业关系密切的阅读习惯、创作方式、编校手段、生产方式、发行模式以及管理手段等都有全新的变化，而这些变化也都是未来出版产业发展的必然趋势。江西出版企业应认识到技术对自身发展以及产业转型的战略性作用，在科技和研发方面加大投入力度，通过科技驱动来促进自身的产业转型升级，同时找准企业的自身定位和充分认识到自身的竞争优势，制定适合自身发展的业务转型策略。而并购是重要的多元化实现方式，以兼并的方式进入新的领域，及时进行资源整合，扩大市场占有率，以被收购的企业已有的资源为据点，进一步发展。如对智明星通的并购，根据并购后新增业务的特点开拓新型业务渠道，优化企业主营业务收入结构。

当非主业出现在企业发展的初期和中期，出版主业还不能形成完全充足的收入来源时，起到补充、支撑的作用，但随着企业逐渐成熟，发展到一定阶段后，应进一步明确战略目标，逐渐剔除非主业，突出自身核心竞争力，借鉴特色突出，差异化竞争的做法，从自身条件和市场需求出发，向专业化方向发展，做大做强企业优势。出版企业在非主业上的投资这种多元化经营方式虽然分散了经营的风险，但因涉及不同的领域和市场，带来了更加复杂的市场行为。这些都需要企业有清晰的战略定位、有效的管理制度与之匹配。因此，江西出版集团可参考凤凰传媒的非主业战略模式出现的弊端，明确自己的战略定位，在强化主营业务的基础上，再展开与主营业务相关的多元化发展。

三　加强资源整合与产业融合

江西出版集团应大力借助高新技术创新产品营销模式与流通渠道，推动自身文化及产品走向世界。具体而言，一是借助全球范围的数字转型契机充分吸取国外资本、人才、信息以及技术资源，同时通过高新技术与先进手段的引入积极完善产品营销网络。尤其应注重对数字产品开发、制作、出版以及发行技术的投入和创新，建立和完善数字出版产业链，创新产品的数字化、网络化、国际化传播渠道，全方位推动数字出版业态的发展和创新及其营销模式以及对流通渠道的有效优化与拓展。二是通过计算机互联网技术拓宽营销渠道，利用新技术加强与国内外各级渠道商、运营商的合作力度，提升企业品牌的影响力，增强消费者的认同度与品牌忠诚度；同时借助微博、微信等社交软件加强企业和消费者之间的交流与沟通，根据消费者的需求及反馈的意见对营销策略不断调整以及对产品本身不断完善。三是建立数字出版产业技术创新企业，加大数字出版科技和研发投入力度，健全出版产业与高新技术产业相结合的出版创新体系，大力鼓励和支持企业自主创新，尤其是在移动网络技术、云出版、数字版权保护技术等重要领域进行突破，同时加快数字出版产业科技成果的推广与转化，逐步掌握一批具有自主知识产权的核心技术。

四　建立数字出版社会效益评价体系

出版在文化传承上具有重要作用，在飞速发展的互联网时代，数字出版作为一种新型的出版业态，内容质量必须符合国家及地方政策导向，数字出版产品才能发挥其文化传承或者是文化积累的作用，形成数字化、分众化背景下的舆论引导新格局。数字出版产业由于其出版属性，决定其在发展过程中，在重视经济效益的同时，更要注重社会效益的提升，确保其在宣传社会主义核心价值观、引导正确舆论等多方面发挥其积极的作用。作为区域数字出版产业，发挥上述作用是其应尽的义务。数字出版产业不仅是将产品或服务数字化地提供给用户，引导社会舆论并促进舆论整合也是出版业的重要功能。在实施市场化运作的过程中，江西出版企业应切实担当起为国内外市场提供优质产品和服务的文化使命，通过内容创新把握自身发展的关键所在，多生产高品位、高质量的出版物，并借助其所承载的文化功能和思想传递作用构建正确的道德价值标准，为社会营造良好的发展氛围，做到对股东、消费者、内容提供者、技术开发商等各利益相关方负责，实现出版生态化和产业的健康、有序发展。

通过客观指标和量化标准，对数字出版物进行社会效益考核，建立科学的数字出版社会效益评价体系，是逐步扭转数字出版企业片面追求点击量和经济效益不良倾向的迫切需要，也是加强内容监管的重要措施。数字出版在逐渐融合传统出版优势的同时，还需要不断引入先进的新兴技术，扩张更多有效的传播渠道，以此来进一步提高其知识传播与文化传承的成效。特别在"互联网+"背景下，要发挥数字出版特有的喉舌作用，凝聚正能量。在数字出版产业生产传播的同时，也需要不断弘扬社会主义核心价值观念。此外，江西出版集团作为行业内的示范性企业，需要充分调动自身的引领功能，积极带动产业发展方向。把社会效益评价指标融入江西数字出版产业创新文化体系，构建导向正确、具有创造性与时代性的文化建设体系，为了取得更多创新成果，企业应当在内部构建有利于科技创新的环境氛围。数字出版企业的文化创新，一方面能够不断完善产业的发展机制，另一方面也有助于数字出版产业创造更大价值的社会效益。

第五节　本章小结

本章基于前文定性、定量分析结果，从政府行为、全媒体深度整合、产业盈利模式以及企业可持续发展四个方面，针对当前江西出版产业存在的数字出版管理不规范、出版产业链不完善、利益分配机制不均、人才匮乏、传统出版的转型升级以及传统媒体和新媒体的融合发展等问题，提出了提升江西出版产业竞争力的对策建议和路径选择。

第一，从政府行为目标来看，需要完善出版产业政策体系；推动江西出版产业"走出去"战略，促进国际文化交流；规范数字出版管理标准；培养数字版权保护意识，构建数字版权保护系统；加大政策扶持力度，进一步深化出版产业体制改革。

第二，从全媒体深度整合层面来看，应延伸全媒体出版产业链；建立全媒体整合数据库；拓展读者群，打造线上线下一体化全媒体平台。

第三，对优化产业盈利模式来说，应加速完善江西出版产业链利益分配机制；提供个性化服务；构建传统出版和数字出版的双赢模式；培养出版复合型人才。

第四，从企业可持续发展角度来看，需完善企业内部运行机制；推进品牌建设，发挥品牌效应；强化主营业务，提高江西出版市场化程度；加强资源整合与产业融合；建立科学的数字出版社会效益评价体系。

第八章 结论与展望

第一节 研究的主要结论

当前,我国区域出版产业正处于重要的转型期,在全媒体与大数据的背景下,随着经济水平的提升,互联网和科学技术、人工智能的日新月异,以及人们日益增长的精神文化需求,为区域出版产业结构升级优化并实现跨越式发展提供了强大的经济支撑、技术支持和文化创意的内驱力。由出版大省到出版强省,由出版大国到出版强国,还有很长的一段历程,区域出版产业面临改革新形势,需突破困境,抓住机遇,以加快产业化发展,提升产业竞争力为首要目标,从促进区域出版产业竞争力的提升做起,继而为实现我国出版产业竞争力整体的提升而努力。

首先,基于全媒体出版、产业竞争力理论及其评价的研究基础,在媒体融合背景下对出版产业竞争力的影响分析,强调全媒体视域下区域出版产业发展的重要性;并通过出版产业的发展格局、产业和企业结构、影响因素以及 SWOT 分析来说明区域出版产业的发展现状。

其次,分析凤凰传媒、中文传媒以及中南传媒三家出版上市公司的经营模式和核心竞争力,从出版企业的盈利能力、发展潜力、运营状况、偿债能力四个方面来构建出版产业竞争力评价财务指标体系，建立区域出版产业竞争力评价模型，采用熵权法确定区域出版产业竞争力评价指标体系中各指标的权重，基于熵权法计算的权重，通过对灰色关联得分进行加权处理，得到凤凰传媒、中文传媒、中南传媒2012—2016年企业竞争力灰色关联得分，并对该三家出版企业的竞争力进行比较与评价，总结凤凰传媒、中文传媒、中南传媒2012—2016年在盈利能力、发展潜力、运营状况、偿债能力四个方面竞争力的变化趋势。然后选取毛利率、总资产净利润率、总资产增长率、净资产收益率同比增长率、总资产周转率、存货周转率、流动比率、现金比率八个指标作为出版企业竞争力的主要影响因素进行分析，得出三家公司的整体竞争力。并进行中部地区江西出版集团和中南出版传媒集团、东部地区凤凰传媒出版集团的案例分析，进而找出区域出版产业核心竞争力的差异在于中文传媒通过并购智明星通游戏公司，在手游新业态出版中获得可观收益；凤凰传媒下属的地产、金融公司的非相关多元化经营来支撑并壮大出版主业的发展，从而获得利润与文化双赢；中南传媒旗下天闻数媒的平台优势，提供了多元化的在线教育服务，形成以在线教育、在线出版等为核心的产业集群，并在国内外都具备了一定的影响力；继而根据前面实证及案例分析结果，总结出江西出版产业竞争力提升需要改善的方面，如加快传统产业的转型升级、找到手游之外的其他利润增长极，并梳理出竞争力水平提升的盈利能力和发展潜力等阻滞因素。

最后，基于新媒体、新常态下的出版产业的发展要求，根据研究结论，提出有针对性的江西出版产业竞争力提升的路径选择和对策建议。将本书研究的过程进一步细分，主要可归纳为以下几个步骤：

第一，在媒体融合的背景下，从出版媒介、出版理念与模式以及大众阅读方式的改变等方面给出版产业环境带来巨大的变革。制约出版企业发展的政策体制、社会经济、文化、科技等影响因素的

第八章
结论与展望

差异性导致各区域出版产业发展不均衡；在尚未形成完善成熟的数字版权保护机制以及数字出版的商业模式不够明晰和成熟的情况下，给传统出版与数字出版的有效融合造成了极大的困难。对出版企业而言，数字出版对传统出版企业造成了极大的冲击；出版企业与技术商、运营商在利益分配上的矛盾，导致整个数字出版产业链不均衡；行政色彩浓厚的单一国有资本构成的企业低下的效率阻碍了出版企业的发展，降低了其市场竞争力。对区域出版产业而言，其发展具有一定的区域经济特征，由此带来产业发展的不平衡；因此，不同区域出版业的协同发展、战略合作对提高区域产业整体竞争力、实现共赢具有重要意义。文化体制的改革、媒介的融合、市场环境的转变以及科学技术的发展，促使体制转型后的出版集团纷纷走向多元化经营的道路。

从发展不平衡性、经营多元化等出版产业特征以及经济、文化、消费者行为等影响因素展开分析，并用SWOT分析法进一步分析了区域出版产业发展上具有的资源禀赋和区位优势、数字技术冲击下传统出版的劣势处境以及与数字出版的"瓶颈"，以及面临出版商业模式单一与西方发达国家的文化冲击等方面的威胁，应将增强文化软实力上升为国家战略。梳理归纳了全媒体出版产业存在的问题：由于数字技术的发展导致出版产业结构的调整，传统出版在大数据时代只能依靠教材教辅支撑，而出版集团只能完全依靠新媒体新业态为集团盈利；数字出版产业运作模式不成熟、产业链上下游未能形成良好的合作机制、盈利模式不够清晰、技术壁垒、法律规范、资金不足以及人才流失等问题，并列出相应分析矩阵。

第二，互联网的普及、数字技术的发展，对出版业带来了巨大的变革和冲击，首先，在全媒体的视域下，对出版企业进行竞争力评价，选取凤凰传媒、中文传媒以及中南传媒三家在A股上市的出版企业作为研究对象，从盈利能力、发展潜力、运营状况、偿债能力四个方面构建了出版产业竞争力评价指标体系。采用定性分析法与综合法相结合的方法，同时借助文献法、专家访谈等方法，展开具体评价指标的理论选取，其包含毛利率、净利率、总资产净利润率、扣非净利润、净资产收益率等20项二级指标，并对各项二级指标进行了解释说明。在此基础上引入了灰色关联分析法和熵权法，对三家上市出版企业竞争力评价模型的构建。介绍了评价过程中所使用的两种主要方法的原理，通过二者相结合的方法对三大出版企业的竞争力进行评价与比较，给出从数据的标准化处理到评价结果分析的五个评价步骤。

其次，基于权值的大小从四个维度各选取了权重较大的两个大指标（共八个指标）借助雷达图对各维度竞争力水平的主要因素进行分析，结果显示：中文传媒运营能力较强和发展潜力较大很大程度上是因为存货周转率、总资产周转率和总资产增长率的优势，但其在偿债能力上还很大程度地受到低现金比率和低流动比率的牵制。中南传媒除了在毛利率以及资产周转率上相比凤凰传媒和中文传媒存在微弱的劣势，存货周转率和总资产增长率与凤凰传媒大体持平，剩余的其他因素方面均具有较大的优势，其企业的总体竞争力要明显强于另外两家出版企业。

最后，通过媒介融合背景下选取的三家出版企业"最佳实践"的案例分析，可以得出，这三家出版企业竞争力的优势表现在多元化经营、新媒体出版和国际化经营战略层面。再结合出版上市公司竞争力评价模型分析，可以归纳出，出版企业的发展应在坚持主营业务大方向的基础上，在企业发展初期和中期以其经营的非主业利润支撑主业的发展，但在企业发展成熟期，需突出自身的核心竞争力，向专业化方向发展，由多元化之路回归理性，塑造区域竞争特色，加快数字化步伐，强化主业运营。

第三，对于出版产业而言，提升竞争力的目的在于解决全媒体视域下出版企业的生存和可持续发展问题。从政府行为、媒体融合、产业盈利和企业发展四个层面，提出提升江西出版产业发展路径及策略：从政府行为目标来看，需要完善出版产业政策体系；推动江西出版产业"走出去"战略，促进国际文化交流；规范数字出版管理标准；培养数字版权保护意识，构建数字版权保护系统；加大政策扶持力度，进一步深化出版产业体制改革。从全媒体深度整合层面来看，应延伸全媒体出版产业链；建立全媒体整合数据库；拓展读者群，打造线上线下一体化全媒体平台。对优化产业盈利模式来说，应加速完善江西出版产业链利益分配机制；提供个性化服务；构建传统出版和数字出版的双赢模式；培养出版复合型人才。从企业可持续发展角度来看，需完善企业内部运行机制；推进品牌建设，发挥品牌效应；强化主营业务，提升江西出版市场化程度；加强资源整合与产业融合；建立科学的数字出版社会效益评价体系。

第二节　研究展望

结合本书的研究成果，并借鉴相关研究资料，将来可以在以下几个方面进行更深入的研究：

第一，在研究对象上，将区域出版的研究在地域上进一步延伸，形成区域之间更广泛的出版产业竞争力评价体系，对于研究对象的选取更为广泛，不仅仅局限于"三驾马车"，将更多区域的出版产业进行横向比较，例如：分别选取中东西部各地区出版产业的竞争力进行比较，对发达地区与欠发达地区出版产业发展的差异化进行分析等。同时，在对出版产业进行横向比较的基础上，可适当拉长纵向比较的时间限度，在时间维度上对出版产业竞争力有一个更深层次的比较，从中找出江西出版产业发展的不足，借鉴出版强省的经验成果。

第二，在实证分析上，出版产业竞争力本身较为抽象、难以度量且涉及面较广，要准确对其定义和对其构成要素进行量化的难度较大。在构建出版产业国际竞争力评价指标体系时，基于指标数据的可获取性以及统计口径一致性的需要，本书在个别指标的选择和设计上可能存在不足之处，有待改进和完善。

第三，在竞争力提升的路径和对策上，本书所提出的提升路径和对策建议是根据先前章节的分析结论给出的，在理论分析方面较为侧重，缺乏一定的实践基础，在政策的实施与执行上可能会存在一定的问题与困难。今后的研究应当对出版产业发展规划与实际工作中的重难点及未来发展趋势进行全方位的了解，尤其是对欠发达地区出版产业在转型过程中如何发挥自身的优势，提升企业的核心竞争力等问题进行深入探析并分析其原因，更好地解决出版产业在发展过程中所面临的实际问题，加强研究的理论与现实意义。

附 录

原始数据标准化

附表 1

科目＼时间	凤凰传媒					中文传媒					中南传媒				
	2012	2013	2014	2015	2016	2012	2013	2014	2015	2016	2012	2013	2014	2015	2016
毛利率	0.952	0.934	0.890	0.941	0.971	0.000	0.013	0.199	0.848	1.000	0.000	0.013	0.199	0.848	1.000
净利率	1.000	0.878	0.876	0.723	0.721	0.000	0.096	0.392	0.555	0.556	0.000	0.096	0.392	0.555	0.556
总资产净利润率	0.167	0.060	0.293	0.032	0.002	0.000	0.056	0.199	0.268	0.116	0.345	0.561	0.936	1.000	0.914
扣非净利润	0.228	0.223	0.452	0.342	0.338	0.000	0.112	0.210	0.414	0.603	0.301	0.412	0.702	0.912	1.000
净资产收益率	0.106	0.000	0.681	0.213	0.065	1.000	0.400	0.887	0.313	0.613	1.000	0.400	0.887	0.313	0.613
总资产增长率	0.092	0.138	0.118	0.062	0.104	0.181	1.000	0.000	0.997	0.084	0.181	1.000	0.000	0.997	0.084
营业收入同比增长率	0.373	0.330	0.656	0.239	0.250	1.000	0.423	0.000	0.357	0.350	0.511	0.464	0.397	0.379	0.350

续表

科目\时间	凤凰传媒					中文传媒					中南传媒				
	2012	2013	2014	2015	2016	2012	2013	2014	2015	2016	2012	2013	2014	2015	2016
净利润同比增长率	0.823	0.208	0.847	0.000	0.277	0.297	0.832	0.863	0.959	0.747	0.364	1.000	0.977	0.905	0.435
净资产收益率同比增长率	0.501	0.165	0.531	0.033	0.148	0.247	0.000	0.415	0.004	0.341	0.249	1.000	0.403	0.937	0.343
固定资产净值率（%）	0.380	0.475	0.454	0.438	0.524	1.000	0.841	0.701	0.538	0.327	0.172	0.058	0.000	0.100	0.001
总资产（万元）	0.447	0.558	0.775	0.871	1.000	0.000	0.324	0.366	0.843	0.957	0.000	0.324	0.366	0.843	0.957
营业周期（天）	0.111	0.172	0.200	0.000	0.061	0.932	1.000	0.828	0.603	0.647	0.501	0.507	0.527	0.565	0.540
总资产周转率（%）	0.000	0.014	0.123	0.082	0.068	1.000	0.822	0.466	0.342	0.247	0.123	0.178	0.164	0.151	0.151
应收账款周转率（%）	1.000	0.919	0.597	0.272	0.241	0.157	0.254	0.155	0.000	0.004	0.447	0.309	0.209	0.162	0.115
存货周转率（次）	0.000	0.013	0.027	0.003	0.017	0.880	1.000	0.556	0.371	0.427	0.880	1.000	0.556	0.371	0.427
流动比率（%）	1.000	0.544	0.125	0.063	0.031	0.000	0.075	0.075	0.238	0.131	0.000	0.075	0.069	0.238	0.131
速动比率（%）	0.922	0.477	0.039	0.007	0.000	0.098	0.216	0.144	0.359	0.248	0.915	0.941	1.000	0.980	0.987
资产负债率（%）	0.948	0.862	0.624	0.619	0.640	0.000	0.146	0.323	0.429	0.465	1.000	0.999	0.971	0.958	0.943
现金比率（%）	0.710	0.340	0.201	0.148	0.043	0.000	0.161	0.111	0.243	0.272	0.918	0.928	1.000	0.948	0.889
产权比率（%）	0.000	0.087	0.320	0.323	0.307	1.000	0.870	0.753	0.417	0.412	0.107	0.101	0.125	0.135	0.152

附表2　　　　　　　　　　　各项指标权重

一级指标	权重	二级指标	权重
盈利能力	0.222	毛利率	0.051
		净利率	0.037
		总资产净利润率	0.070
		扣非净利润	0.030
		净资产收益率	0.034
发展潜力	0.219	总资产增长率	0.087
		营业收入同比增长率	0.020
		净利润同比增长率	0.022
		净资产收益率同比增长率	0.048
		固定资产净值率	0.042
运营状况	0.235	总资产	0.030
		营业周期	0.032
		总资产周转率	0.064
		应收账款周转率	0.051
		存货周转率	0.058
偿债能力	0.324	流动比率	0.088
		速动比率	0.053
		资产负债率	0.052
		现金比率	0.083
		产权比率	0.048

附表3　　　　　　　　　　　　加权灰色关联得分

科目/时间	凤凰传媒					中文传媒					中南传媒				
	2012	2013	2014	2015	2016	2012	2013	2014	2015	2016	2012	2013	2014	2015	2016
毛利率	0.046	0.045	0.042	0.045	0.048	0.017	0.017	0.019	0.039	0.051	0.017	0.017	0.019	0.039	0.051
净利率	0.037	0.029	0.029	0.024	0.024	0.012	0.013	0.017	0.019	0.019	0.012	0.013	0.017	0.019	0.019
总资产净利润率	0.026	0.024	0.029	0.024	0.023	0.023	0.024	0.027	0.029	0.025	0.030	0.037	0.062	0.070	0.060
扣非净利润	0.012	0.012	0.014	0.013	0.013	0.010	0.011	0.012	0.014	0.017	0.012	0.014	0.019	0.025	0.030
净资产收益率	0.012	0.011	0.021	0.013	0.012	0.034	0.016	0.028	0.014	0.019	0.034	0.016	0.028	0.014	0.019
总资产增长率	0.031	0.032	0.032	0.030	0.031	0.033	0.087	0.029	0.087	0.031	0.033	0.087	0.029	0.087	0.031
营业收入同比增长率	0.009	0.008	0.012	0.008	0.008	0.020	0.009	0.007	0.009	0.008	0.010	0.009	0.009	0.009	0.008
净利润同比增长率	0.016	0.009	0.017	0.007	0.009	0.009	0.017	0.017	0.021	0.015	0.010	0.022	0.021	0.019	0.010
净资产收益率同比增长率	0.024	0.018	0.025	0.016	0.018	0.019	0.016	0.022	0.016	0.021	0.010	0.048	0.022	0.042	0.021
固定资产净值率	0.019	0.021	0.020	0.020	0.022	0.042	0.032	0.027	0.022	0.018	0.016	0.015	0.014	0.015	0.014
总资产	0.014	0.016	0.021	0.024	0.030	0.010	0.013	0.013	0.023	0.027	0.010	0.013	0.013	0.023	0.027
营业周期	0.012	0.012	0.012	0.011	0.011	0.029	0.032	0.024	0.018	0.019	0.016	0.016	0.017	0.017	0.017
总资产周转率	0.021	0.022	0.023	0.023	0.022	0.064	0.047	0.031	0.028	0.026	0.023	0.024	0.024	0.024	0.024
应收账款周转率	0.051	0.044	0.028	0.021	0.020	0.019	0.020	0.019	0.017	0.017	0.024	0.021	0.020	0.019	0.018

续表

附表 4

科目/时间	凤凰传媒					中文传媒					中南传媒				
	2012	2013	2014	2015	2016	2012	2013	2014	2015	2016	2012	2013	2014	2015	2016
存货周转率	0.019	0.020	0.020	0.019	0.020	0.047	0.058	0.031	0.026	0.027	0.047	0.058	0.031	0.026	0.027
流动比率	0.088	0.046	0.032	0.030	0.030	0.029	0.031	0.031	0.035	0.032	0.029	0.031	0.031	0.035	0.032
速动比率	0.046	0.026	0.018	0.018	0.018	0.019	0.021	0.020	0.023	0.021	0.046	0.048	0.053	0.051	0.052
资产负债率	0.047	0.040	0.029	0.029	0.030	0.017	0.019	0.022	0.024	0.025	0.052	0.051	0.049	0.048	0.046
现金比率	0.053	0.036	0.032	0.031	0.029	0.028	0.031	0.030	0.033	0.034	0.071	0.073	0.083	0.075	0.068
产权比率	0.016	0.017	0.020	0.020	0.020	0.048	0.038	0.032	0.022	0.022	0.017	0.017	0.017	0.018	0.018
sigma	0.599	0.487	0.476	0.427	0.437	0.530	0.553	0.457	0.517	0.474	0.529	0.631	0.578	0.675	0.593

各子系统灰色关联得分

子系统/时间	凤凰传媒					中文传媒					中南传媒				
	2012	2013	2014	2015	2016	2012	2013	2014	2015	2016	2012	2013	2014	2015	2016
盈利能力	0.107	0.090	0.135	0.094	0.088	0.034	0.025	0.075	0.105	0.118	0.067	0.070	0.142	0.172	0.186
发展潜力	0.074	0.051	0.087	0.030	0.049	0.096	0.150	0.069	0.138	0.061	0.053	0.169	0.049	0.163	0.040
运营状况	0.068	0.070	0.069	0.045	0.049	0.154	0.166	0.108	0.088	0.090	0.098	0.111	0.081	0.083	0.086
偿债能力	0.245	0.150	0.077	0.066	0.054	0.053	0.081	0.076	0.102	0.091	0.182	0.190	0.199	0.208	0.194
sigma	0.493	0.362	0.368	0.235	0.241	0.337	0.422	0.328	0.434	0.360	0.400	0.540	0.470	0.626	0.507
均值	0.340					0.376					0.509				

参考文献

陈春宝、杨德林：《论利用高技术提高我国产品的国际竞争力》，《国际贸易问题》1997年第4期。

陈光潮等：《基于灰色系统理论的区域科技竞争力比较》，《暨南大学学报》2004年第1期。

陈红川：《高新技术产业竞争力评价实证研究》，《软科学》2010年第8期。

陈美华、陈东有：《"纸媒"到"全媒"：数字技术影响下出版业的转型》，《江西社会科学》2016年第3期。

陈美华、陈东有：《全媒体出版产业发展的现状与对策研究》，《南昌大学学报》（人文社科版）2016年第2期。

陈艳：《松溪马窝山歌的风土特色与传承保护——松溪县文化馆》，《群文天地》2012年第12期。

仇方道、朱传耿：《区域产业竞争力综合评价研究》，《国土与自然资源研究》2003年第3期。

崔恒勇：《互联网思维下全媒体出版的内涵》，现代出版社2014年版。

代光举：《区域文化产业竞争力与发展研究》，博士学位论文，西南财经大学，2012年。

邓聚龙：《社会经济灰色系统的理论与方法》，《中国社会科学》1984年第6期。

邓伟根、蒋盛辉：《结构调整与产权改革》，《中国工业经济》1996年第1期。

参考文献

范晓屏：《企业竞争力多相测度指标体系的构造》，《中国工业经济》1997年第5期。

高平亮：《我国数字出版产业发展现状及策略分析》，《财经理论研究》2016年第5期。

高彦：《河北省工业产业竞争力评价和对策研究》，硕士学位论文，河北农业大学，2007年。

龚振、钟爱群：《我国中小企业国际竞争力发展对策研究》，《科技管理研究》2005年第11期。

桂晓风：《推进全媒体出版　为全民阅读服务》，《中国出版》2010年第17期。

韩中和：《企业竞争力——理论与案例分析》，上海复旦大学出版社2000年版。

何同亮等：《中国上市出版企业融资效率研究》，《科技与出版》2016年第4期。

贺剑锋：《中国出版企业竞争力研究》，湖北人民出版社2004年版。

侯欣洁：《中国数字出版产业政策研究》，中国传媒大学出版社2016年版。

胡大立等：《企业竞争力决定维度及形成过程》，《管理世界》2007年第10期。

华雪：《全媒体与自媒体初探》，《科学咨询》2014年第8期。

华宇虹、吴宇飞：《媒体融合背景下我国出版传媒企业竞争优势的维系与重塑路径研究》，《科技与出版》2017年第11期。

黄璜：《出版上市公司2016年财报解读》，《出版人》2017年第6期。

黄世艳：《试论如何加快湖城文化产业发展》，《现代交际》2013年第6期。

黄先蓉、田常清：《我国出版产业国际竞争力提升战略研究》，《中国出版》2013年第1期。

黄先蓉、田常清：《我国新闻出版业国际竞争力与影响力提升策略研究》，《河南大学学报》2014年第4期。

黄先蓉、张友：《出版产业国际竞争力研究综述》，《中州大学学报》2012年第29期。

黄孝章等：《数字出版产业发展研究》，知识产权出版社2011年版。

黄孝章：《数字出版产业发展模式研究》，知识产权出版社2012年版。

黄意武、游登贵：《我国图书出版产业现状及发展路径探究》，《中国出版》2014年第4期。

黄舟瑛：《财务分析》，http：//wenku.baidu.com/view/c0cba062783e0912a2162aed.html，2012-04-23。

江兵等：《高技术产品国际市场竞争力中外比较和分析》，《中国软科学》2000年第2期。

金碚等：《中国产业国际竞争力现状及演变趋势——基于出口商品的分析》，《中国工业经济》2013年第5期。

金永成等：《基于钻石模型视角的数字出版产业发展路径研究》，《出版发行研究》2016年第10期。

金永成、钱春丽：《数字出版产业园区的集聚效应研究——以上海张江国家数字出版产业基地为例》，《科技与出版》2013年第10期。

康桂芬等：《提升京津冀经济圈竞争力的突破口：产业合作——基于河北视角的研究》，《河北经贸大学学报》2010年第31期。

赖政兵、廖进球：《产业融合背景下我国出版产业发展战略的思考》，《中国出版》2011年第5期。

李伯阳：《互联网企业估值在中国的应用情况》，《中国资产评估》2016年第2期。

李春林：《区域产业竞争力》，冶金工业出版社2005年版。

李艳琴：《"互联网+"背景下出版传媒企业并购绩效探讨——以中文传媒并购智明星通为例》，《财会月刊》2017年第14期。

廖建军：《出版产业竞争力的分层立体评价模型》，《出版科学》2007年第2期。

刘畅：《浅析"互联网+"时代出版集团竞争力评价体系的建构》，《出版科学》2017年第3期。

刘琛：《"互联网+"时代出版产业生态变化与发展出路》，《甘肃社会科学》2016年第3期。

刘琴等：《浅谈全媒体的媒介融合》，《印刷质量与标准化》2016年第2期。

刘雪荣、兴文：《抢占产业发展战略制高点》，《政策》2013年第8期。

柳斌杰：《大力提升我国新闻出版业的国际竞争力》，《中国新闻出版报》2011年第2期。

卢玲等：《数字出版产业协同创新研究》，《出版科学》2012年第6期。

陆唯怡：《"全媒体"时代的媒介生态环境变革》，硕士学位论文，华东师范大学，2012年。

陆伟锋等：《"均衡发展"视角下生态文明发展水平评价研究——以江西省为例》，《生态经济》2017年第10期。

麻昌港、蒙英华：《产业集群核心竞争力评价的理论依据及指标体系的设计》，《生态经济》2009年第9期。

马萱：《我国区域文化产业竞争力研究》，社会科学文献出版社2011年版。

麦尚文：《全媒体融合模式研究》，中国人民大学出版社2012年版。

彭兰：《如何从全媒体化走向媒介融合——对全媒体化业务四个关键问题的思考》，《新闻与写作》2009年第7期。

齐峰：《出版集团多元化经营需厘清的认识及战略取向》，《编辑之友》2009 年第 10 期。

秦崭崭：《我国全媒体出版的传播解析及发展初探》，硕士学位论文，广西民族大学，2011 年。

任殿顺：《对当前出版业多元化经营的再思考——几位集团老总观点的启示》，《出版发行研究》2009 年第 3 期。

佘世红：《基于竞争力提升的出版业强势品牌建设》，《中国出版》2012 年第 7 期。

史旻星：《探索数字出版的解决方案——以江西出版集团为例》，《出版参考》2020 年。

宋春梅、孙波：《论国有企业的核心竞争力》，《商业研究》2003 年第 8 期。

苏东水：《升级制造业》，《21 世纪经济报道》2005 年第 10 期。

苏历：《文化产业上市公司财务绩效的影响因素分析》，硕士学位论文，华东交通大学，2016 年。

孙寿山：《以转型升级促进传统媒体与新兴媒体融合发展》，《出版发行研究》2014 年第 6 期。

藤本隆宏：《生产系统的进化论》，北京经济日报出版社 1997 年版。

天路客：《对照研究中一定要注意研究组间基线资料的可比性》，http：//blog.sina.com.cn/s/blog_4b44e2b10102dya1.html，2012-09013。

田常清：《出版产业国际竞争力评价理论与实证研究》，博士学位论文，武汉大学，2014 年。

汪斌、金星：《生产性服务业提升制造业竞争力的作用分析——基于发达国家的计量模型的实证研究》，《技术经济》2007 年第 1 期。

王际科：《基于灰色系统理论的商业银行竞争力评价模型》，硕士学位论文，大连理工大学，2006 年。

王坤：《北部湾旅游竞争力分析及包容性增长研究》，《现代商贸工业》2013 年第 24 期。

王勇安、张雅君：《论出版产业融合发展的战略思维》，《出版发行研究》2016 年第 4 期。

王园：《简述全媒体出版与印刷》，《广东印刷》2014 年第 2 期。

王志：《国内数字出版产业发展趋势分析》，《中国出版》2017 年第 10 期。

魏静：《数字出版产业的现状、挑战与发展对策》，《经营与管理》2017 年第 12 期。

魏玉山：《2015—2016 年中国数字出版产业年度报告》，《印刷杂志》2016 年第 8 期。

吴春雅：《中国食品上市公司的投入产出效率研究》，博士学位论文，江西财经大学，2015 年。

吴高强：《中南传媒发展战略研究》，《企业家天地》2012 年第 9 期。

吴江文：《融合·创新·重构——兼议地方"十三五"数字出版产业规划要点》，《科技与出版》2015 年第 9 期。

吴江文：《我国数字出版产业统计指标体系的设计》，《出版发行研究》2013 年第 7 期。

吴照云：《欠发达地区产业竞争力分析》，经济管理出版社 2001 年版。

肖洋、谢红焰：《数字出版产业生命周期研究》，《中国出版》2014 年第 20 期。

新华社新闻学术年会：《全媒体时代与传媒战略转型》，新华出版社 2010 年版。

熊利辉：《全媒体背景下少儿图书出版策划研究》，硕士学位论文，华中科技大学，2015 年。

徐丽芳：《出版产业链价值分析》，《出版科学》2008 年第 4 期。

徐小傑：《图书出版产业评价体系》，中国书籍出版社 2011 年版。

杨海平、石蕊：《新常态下我国数字出版产业发展态势与路径选择——以江苏数字出版产业实践为例》，《出版发行研究》2016 年第 10 期。

杨萌：《我国出版企业发展现状浅析》，《中国新闻出版报》2013 年第 4 期。

易靖韬、赵锦兰：《图书出版产业结构、企业行为与企业绩效》，《财贸经济》2010 年第 5 期。

张立：《我国数字出版产业的发展趋势及对策分析》，《出版发行研究》2008 年第 10 期。

张勐萌：《对全媒体出版发展现状与前景的思考》，《中国出版》2010 年第 22 期。

张雅：《中国出版产业的竞争力研究》，硕士学位论文，兰州商学院，2013 年。

张志林：《全媒体出版的概念理解与前瞻》，《今日印刷》2010 年第 8 期。

张志强、吴健中：《企业竞争力及其评价》，《管理现代化》1999 年第 1 期。

赵洪斌、盛梅、于文涛、张斌：《出版产业的概念、内涵及其特征》，《重庆社会科学》2011 年第 2 期。

赵洪斌、于文涛、王书哲：《中国出版产业结构优化升级的问题与对策》，《现代传播（中国传媒大学学报）》2015 年第 37 期。

赵礼寿：《我国出版产业政策体系研究》，浙江工商大学出版社 2014 年版。

赵强：《产业集群竞争力的理论与评价方法研究》，博士学位论文，东北大学，2007 年。

曾庆宾：《中国出版产业发展研究》，博士学位论文，暨南大学，2003 年。

赵文清等：《企业核心竞争力内涵研究评述》，《技术经济》2005年第3期。

赵彦云、李静萍：《当代国际竞争力理论及其应用》，《中国人民大学学报》1998年第5期。

赵彦云等：《中国文化产业竞争力评价和分析》，《中国人民大学学报》2006年第4期。

周澍、黄俊尧、毛丹：《国内数字出版产业研究的检视与反思》，《浙江社会科学》2013年第3期。

周蔚华、杨石华：《大学出版社在出版业的地位及当前面临的主要问题》，现代出版社2018年版。

周蔚华：《出版产业研究》，中国人民大学出版社2005年版。

周洋：《打造全媒体时代的核心竞争力——中央媒体新中国成立60周年报道思考》，《新闻前哨》2009年第11期。

朱静雯等：《产业链演化视域下的凤凰传媒投资战略研究》，《现代出版》2017年第1期。

朱云：《数字出版产业赢利模式的创新——基于产业链维度的考量》，《南京社会科学》2014年第9期。

庄亚明等：《高技术产业国际竞争实力测度方法研究》，《科学学与科学技术管理》2008年第3期。

《2016年新闻出版产业分析报告（摘要版）》，《中国新闻出版广电报》2017年第5期。

《凤凰置业领跑文化地产 助力新型城镇化建设发展》，新华网，http://news.xinhuanet.com/house/nj/2013-09-24/c_117490744.htm。

《评价指标体系》，https://wenku.baidu.com/view/b36055d8360cba1aa811da1b.html，2017-02-24。

Alacovska A., "Legitimacy, Self-interpretation and Genre in Media Industries: A Paratextual Analysis of Travel Guidebook Publishing", *European Journal of Cultural Studies*, 2015, 18 (6).

Andrew Kirby, "Scientific Communication, Open Access, and the Publishing Industry", *Political Geography*, 2012, 31 (5): 256 – 259.

Arjoon R., (In) "Efficient Market Models: The Reality behind Economic Models in the Publishing Industry", *Learned Publishing*, 1999, 12 (2): 127 – 133.

Benhamou F. Peltier S., "How should Cultural Diversity be Measured? An Application Using the French Publishing Industry", *Journal of Cultural Economics*, 2007, 31 (2): 85 – 107.

Berg L. D., "Knowledge Enclosure, Accumulation by Dispossession, and the Academic Publishing Industry", *Political Geography*, 2012, 31 (5): 260 – 262.

Chen S, "Knowledge Workers in Contemporary China: Reform and Resistance in the Publishing Industry", *Journalism & Mass Communication Quarterly*, 2016, 93 (3): 689 – 691.

Freedman M. L., "Job Hopping, Earnings Dynamics, and Industrial Agglomeration in the Software Publishing Industry", *Journal of Urban Economics*, 2008, 64 (3): 590 – 600.

Griffin J., "Access to Research: An innovative and Successful Initiative by the UK Publishing Industry", *Learned Publishing*, 2016, 29 (2): 119 – 123.

Huang X. R., Huang X. X., "On the Theoretical Model of Publishing Industry International Competitiveness", *Science Technology & Industry*, 2013.

Huang X., Tian C., "International Competitiveness of the Chinese Publishing Industry", *Publishing Research Quarterly*, 2014, 30 (1): 104 – 114.

Hugger A S., "The Impact of Electronic Commerce on the Publishing Industry", *Journal of Information Science*, 1999, 28 (4): 275 – 284.

Jei X. U., Wahls M., "The Scholarly Publishing Industry in China: Overview and Opportunities", *Learned Publishing*, 2012, 25 (1): 63 – 74.

Mangani A., Tarrini E., "Who Survives a Recession? Specialization Against Diversification in the Digital Publishing Industry", Online Information Review, 2017, 41 (1): 19 – 34.

Muteti M M., *Strategies adopted by Postel Yellow Pages to Gain Competitiveness in the Publishing and Advertising Industry in Kenya*, University of Nairobi, 2014.

Pellegrini T., "Semantic Metadata in the Publishing Industry – technological Achievements and Economic Implications", *Electronic Markets*, 2017, 27 (1): 9 – 20.

Porter M, *Competitive Advantage of Nations*, *The Competitive Advantage of Nations*, Free Press, 1990: 42 – 43.

Rhoods S., Babor A., "The Future of Global Research: A Case Study on the Use of Scenario Planning in the Publishing Industry", Learned Publishing, 2018 (4).

Sun J., et al., "The Current Status of the Publishing Industry in China", *Journal of Scholarly Publishing*, 2009, 41 (1): 92 – 102.

Tijssen R. J. W., et al.. "Scientific Publication Activity of Industry in the Netherlands, *Research Evaluation*, 1996, 6 (2): 105 – 119.

Toelle J., "Opera as Business from to the Publishing Industry", *Journal of Modern Italian Studies*, 2012, 17 (4): 448 – 459.

Wang W., Gao C., "The Analysis on Concept and Characteristics of Language Publishing Industry and its Development Strategy under the Background of Digital Technology", *Applied Linguistics*, 2014, 12 (1): 98 – 105.

Zhao Y., et al., "Business Strategy Analysis for an Advertising Service Supply Chain: A Study with the Publication Industry", *Journal of the Operational Research Society*, 2017, 68 (12): 1 – 9.